橘川幸夫

ロッキング・オンの時代

晶文社

装丁　アジール（佐藤直樹＋遠藤幸）

ロッキング・オンの時代

目次

第1章　胎動

第2章　創刊

第3章 荒ぶる時代

第4章 全国販売

第5章 創刊4人組

第6章 市販雑誌

第7章　混乱の中での前進

第8章　ロックレビュー

第9章 ロックからのテイクオフ

第10章　解散

第Ⅰ章
胎動

日本は戦後の荒廃の中から出発し、高度成長を果たしていた。豊かになりつつある社会とは正反対に、心の空白が広がってきた。その空白に響き渡ったのがＲＯＣＫである。

それは新宿から始まる

１９７０年という年の記憶には冬がない。何か熱いマグマが一年を覆っていたような記憶しかない。70年というのは、「70年アンポ反対」のスローガンにあったように、日米安全保障条約の改定期であり、そこに向けての学生たちの反対闘争があったわけだが、実際のその年になるまでに学生たちの主力は敗北していた。１９６９年の4月28日の沖縄反戦デーを境に、アンポは粉砕されないという思いが、群雲のように学生たちの心に広がっていた。先鋭化した学生と労働者の一部が赤軍や京浜安保共闘などへと傾斜していったが、彼らと、後続の大部隊との距離は離れていくばかりだった。

そんな時代の中でも、特に新宿は一年中熱かったような気がする。交差点で信号を待つ人も、伊勢丹で買い物をする人も、「青蛾《せいが》」でコーヒーを飲む人も、みんな熱にうなされたように殺気立っていた。それは、学生だけではなく、サラリーマンも主婦も、そして交番の警察官ももちろん熱くなっていた。かつて学生たちに占拠された新宿駅から、狂おしい熱風が新宿通りを吹きぬけ、角筈《つのはず》の交差点を左折し、今のパークシティ伊勢丹1があるところを右折して、しばらく行ったところに「ソウルイート」（通称・ソウルもしくはイート）があった。新宿厚生年金会館があったところの右斜め向こうだ。入り口を入ると1階はなく、いきなり2階と地下とに分けられている。

2階の階段のところにＤＪブースがあり、そこに渋谷陽一がいた。大学受験中の浪人生だった。2階では、ただ大きくすれば良いというかのように巨大なスピーカーが轟音を鳴り響かせていた。僕は、はじめてこの空間に入った時の衝撃を覚えている。ロックとは巨大なボリュームで聞くものだ、となぜか確信した。ロックは鑑賞したりなごませたりするものではなく、自分を圧倒させるものだ、と思った。決して自宅では聞くことの出来ない音量でロックを聞かせる空間こそが、ロックそのものだと思った。あまりの音量のために音は割れ、ノイズが発生しているにもかかわらず、渋谷は最大のボリュームで音楽を流し続けていた。DJといっても、今のクラブシーンにあるようなリミックスするようなものではない。ただぶっきらぼうに「ハイ、次のはシカゴの新作です。聞いてください」ぐらいのコメントをするだけの、アルバムの曲紹介係みたいなものだった。ときどき、雑談のような話題もしゃべるが、それよりも、このバカデカイ音量が、ソウルイートの最大の存在理由であった。

壁に向かって椅子とテーブルが並んでいて、スピーカーの前に白いステージのようなものが設置されていた。そこに、座ったり寝転んだりしている常連も多かった。ジーパンにカラフルなシャツを着ている人が多かった。時々、背広姿のサラリーマンもいたが、別に不自然ではなかった。すべてが許されるパンドラの箱だ。誰もが、巨大な音量に酔う、サウンド・ドランカーのようであった。頭を抱えたまま体を震わす男や、放心したまま口をあけて聞いている女や、シンナーの匂いをあたりに撒き散らしているフーテンなど、さまざまである。

「ソウルイート」すなわち「魂を食べる」という名前どおり、この音量に魂を食べられてしまうのであろう。そのただれた空間の中で、渋谷陽一は甲高い声で、まるで義務的であるかのように淡々と曲目を紹介し、お皿を回していた。すべては、この猥雑な空間の中から生まれた。

レボルーション

「渋谷くんですか?」と僕はＤＪブースの男に聞いた。
「ああ、そうです。橘川くんですね」と中の男は答えた。

渋谷は、日本人離れした骨格と雰囲気を持つ男であった。えらく痩せているようにも思えた。洞窟のような眼からギラっとした視線を向けた。何か、アメリカのロック・ミュージシャンのようですらあった。渋谷と会うのはこの時が初めてである。

当時、僕は国学院大学の学生であったが、竹橋の毎日新聞社で編集事務のアルバイトをしていた。夕方から毎日新聞へ行き、最終の12版が校了になる深夜2時頃まで働いて、地下5階にある、通称「毎日温泉」という風呂に入り、裏口にトラックでやってくるラーメン屋さんのラーメンにニンニクをたくさんいれたのを食べてから、3階にあった仮眠室で寝るのだ。朝は適当に帰ってよいので、そこから大学に行ったり、家に帰ったりする。竹橋から神保町が近いので、よく古本屋街に寄った。水道橋方面へ向かう白山通りに「ウニタ書肆《しょし》」があった。ウニタとはイタリア語で「統一」という意味らしく、学生運動の機関紙や、ミニコミなどが置かれていた。ここは当時の政治や文化の最前線の資料が集るところだったので、僕は定期的に通っていた。

店内は、サークルの部室のように乱雑にアジビラやセクトの機関誌が積み上げられていた。政治的な媒体だけではなく、アングラ劇団のパンフレットや、中央線沿線のヒッピーたちが作っていたレベルの高いミニコミもあった。そうしたサブカルチャーのコーナーに「レボルーション」というロックのミニコミがあった。30頁ほどのタブロイド印刷の冊子であった。僕は、時々ミニコミを購入することもあったが、ほとんどは立ち読みですませていた。立ち読みするだけで、時代の空気がどんどん吸収されるようなメディアの倉庫であった。レボルーションを立ち読みしながら、なんだか普通の学生たちが作っているミニコミよりも少しレベルが高いような気がした。内容はアメリカのウェストコーストの音楽から、イギリスの音楽まで、多様であったが、無名のライターが熱気を持って書いているのが伝わってきた。僕は、そのミニコミを買った。

四谷の家に帰ってベッドに寝転びながらレボルーションを読んでいると、編集長は、水上はることという静岡出身のフリーライターであることが分かった。その後、「ミュージック・ライフ」の編集長になる女性だ。投稿を募集していて、僕の買った号に2人の投稿者の原稿が載っていた。それが渋谷陽一と岩谷宏である。渋谷陽一は気骨な文体でロックシーンのことを書いていた。岩谷宏は、なんだかアクロバティックな文体で、やはりロックシーンのことを書いていた。僕はその頃、ある種の投稿少年で、雑誌の投稿コーナーによく投稿していた。何度か掲載されたことがあり、それは受験時代の「Z会」の会報の読者頁だったり、「週刊読書人」という書評新聞の読者欄だったりする。2人の投稿原稿を見て、むらむらと投稿欲がわきあがり、レボルーションに原稿を送った。何を書いたのかは詳しくは覚えていないが、当時、僕は、大学の友人たちと「アルカロイド」というミニコミをやっていて、政治的な季節を背景にして、ロックの反逆性について書いたのではないかと思う。

投稿はしたが、返事も反応もなかった。すっかり忘れていた頃、渋谷陽一という男から電話があった。レボルーションは行き詰って解散したので、新しく雑誌を作りたいと思うのだが、協力してくれないか、とのことであった。どうやら、投稿者であった渋谷がレボルーションを乗っ取って、自分のやりたい編集方針の下に再スタートしたいということのようであった。渋谷が目をつけたのが、レボルーションの投稿者であった岩谷宏と、掲載はされなかったが投稿者であった僕ということらしい。

初めて会う渋谷は、きさくな男であった。新宿の落合に住んでいて、同じ新宿区の住人である。渋谷は浪人生であり、僕は大学生であった。新しい雑誌をやりたい、という意欲を渋谷は語った。僕の親父が高田馬場の小滝橋で小さな印刷屋をやっているので協力してもらえるかもしれない、というと、渋谷のギョロッとした目が一層輝いた。渋谷は、盛んに、市販の雑誌に負けないものを作ろうと力説するのだが、それは、どのようにやれば良いのか全く想像もつかなかった。なにしろ当時の学生は、世の中の常識やルールなどをまるで知らない子どもたちであったのである。今の大学生であれば、世の中の仕組みやルールはある程度は分かっているだろう。しかし、この時代においては、世の中とは「向こう側」の世界であり、子どもたちの世界と、向こう側の大人の世界とは、はっきり違う世界であった。

「よし、やろうぜ」

渋谷は、何が「よし」なのか分からないまま、気合だけは充分であった。なんとなく僕も、高揚していた。

タイムス

「ロッキング・オン」の創刊メンバーというと、渋谷陽一、岩谷宏、松村雄策、橘川幸夫の4人であるが、最初は、もっと混沌としていた。渋谷が中心であったことは確かだが、渋谷がそこら中に声をかけたので、いろんな連中が集ってきた。レボルーション時代の投稿仲間である岩谷宏、ソウルイート時代の仲間。渋谷は仕事でライナーノーツを書きはじめていたので、業界関係者にもつながりがあった。ミュージック・ライフの仕事をしていた石野真知子が、創刊においては唯一のプロということでデザインやレイアウトを担当した。

松村雄策、大久保青志《せいし》、今村豊の3人は国学院高校の同期生で、ソウルイートの客でもあった。松村はマッキー、大久保はナオ、今村はパンサーと呼ばれていた。最初、DJをやっていた渋谷と客の今村が知り合いになり、そこからつながりが広がったらしい。大久保は国学院高校を卒業して国学院大学に行っていた。橘川も国学院高校・大学だったので、後輩にあたるのだが、高校時代に接触はなかった。大久保は高校の時に学園闘争の波を受けて活動し、詳しい事情は知らないが、大久保は無事に卒業して、松村と今村は退学させられていた。当時、大久保清という連続殺人事件の犯人がいて、彼はその名前と似ているのを嫌って「大久保直」と言っていた。大久保はやがて内田裕也のマネージャーになり、なぜか、社会党委員長時代の土井たか子の秘書になり、社会党から都議会議員になったりした。

もうひとり大久保宏という大久保がいて、彼は渋谷の高校時代の友人であり、当時は早稲田大学の学生だった。豪徳寺に住んでいて上品な顔立ちのハンサムで剣道の達人であった。宏の兄貴は、映画評論などで活躍している大久保賢一である。カメラマンの斎藤陽一は、当時コピーライターの仕事をしていた岩谷宏の仕事仲間であった。岩谷宏は菓子業界の業界紙などの仕事をしていて、「ゴンファノン」というお菓子の名前をつけていたりした。

いずれにしても、だいたいこのあたりが、創刊時の混沌の中で集ってきたメンバーである。新しい雑誌を作ろうということになり会合がはじまった。新宿の「タイムス」という喫茶店がよく使われた。新宿の三越の裏側にあったこの喫茶店には、大勢の人数でも入れるだけのスペースがあった（現在も営業しているが、先日行ったら記憶にあるより狭いので驚いた）。近所に新宿フーテンのメッカであった「風月堂」があったが、世代的には少し上の人たちの溜まり場で、個人的に行くことはあっても、新しいムーブメントの相談には似合わない雰囲気があった。もうひとつ新宿西口にも会合のしやすい喫茶店があって使っていたが名前は忘れた。

１９７１年当時、岩谷宏は30歳だったので別格の年長者であり、橘川は21歳の大学生、渋谷は19歳の浪人生、松村は19歳の今でいうフリーターで、花屋でアルバイトしながらバンド活動をしていて、ミュージシャンを目指していた。橘川と渋谷と松村たちの年齢的な差はそんなにないが、一つ大きな溝があった。橘川は１９６８年に大学に入学して、学園闘争の只中だったので、先輩たちの世代との交流が盛んであった。新宿で言えば、風月堂やＪＡＺＺ喫茶の「木馬」や、「青蛾」といった、古い新宿文化人たちの溜まり場に先輩たちに連れていかれてよく通った。新宿ゴールデン街も、区役所通りの「小茶」や花園神社のそばの「もっさん」から入っていった。渋谷や松村は高校時代に学園闘争があったので、あまり上の先輩たちとの交流はなかったようだ。

タイムスでの会議は、なんだか編集会議というよりも市民運動の会合のようでもあり、渋谷が方針を述べて、周りが意見を言うというものであった。渋谷は腰まで伸ばした長髪に、鋭い眼光と日本人離れした顔つきで議論のイニシアチブをとっていた。岩谷宏は下駄に短パンというような格好で新宿まで自転車で来ていた。ロジカルなんだけど、どこか詩のような発言をポツンポツンとする人であった。

大学生・渋谷陽一

渋谷陽一は、１９７２年４月に明治学院大学に入学した。ロッキング・オンの創刊準備をしている時期なので、僕らは「これからやるぞ！」と意気込んでいたのに、わざわざ大学に入る渋谷の気持ちが分からなかったが、すぐに学校には行かなくなった。ロッキング・オンの仕事で忙しいこともあったし、資金稼ぎのバイトなども忙しかった。だいたいが渋谷は勉強が嫌いであった。

ある日、渋谷が大学のリポートを出さなければいけないのに出来なくて、困っていた。それで岩谷宏に代筆を頼んだ。何しろ、岩谷宏は博学の上にめちゃくちゃ筆の運びが速い。ロッキング・オンに載せきれないぐらいの原稿をどんどん書いてもってくる。語学概論のリポートだったのだが、岩谷宏が書いたのは「英語とフランス語の違い」についてである。ものすごい大きなテーマだが、そのリポートを渡す時に、岩谷宏が言った。「君の学力に合わせて書いたから」と。岩谷宏は、自惚れたり、威張ったり、嫌味を言ったりすることの一切ない人で、こういうことも、機械的に普通にしゃべる人だ。

中身を見せてもらった。よくは覚えていないが、要するに、英語とフランス語では主語の扱い方が違う。英語は、孤立した一個人が主語だけど、フランス語は、もっと空間的な広がりを持つ主語である、というような言い回しであった。何か分からないが、凄いなぁ、と思った。とても渋谷の学力では書けない内容であることは分かった。渋谷は、大学にはほとんど行っている感じはなかった。

浪人時代の渋谷も、受験勉強に熱心だったわけではないだろう。レボルーションの関係やソウルイートなどのDJをやっていた関係で、音楽業界との付き合いが始まり、ライナーノーツや雑誌の原稿書きの仕事をしていた。10代から自立して、勉強より働くことが好きだったようだ。

制作作業

創刊号の表紙は、赤地に白抜きでロッキング・オンのロゴマークが並べられたものである。このデザインをしたのは岩谷宏の仕事仲間であった望月幸男というデザイナーであった。彼らは広告業界のプロであり、学生たちのスタッフは見守るしかなかった。

印刷のゲラがあがってきた時、渋谷が、

「違うよなぁ」と言って、顔をしかめた。

「なんかデパートの包装紙だよ」と、落胆した。

僕は、何が良くて何が悪いのかよく判断できずにいた。デザインよりも、とにかく雑誌が出来たという興奮の方が先に来ていたが、渋谷は冷静であった。「本文デザインもひどい。手抜きだなあ、これじゃあ商品にならないよ」と、また嘆いた。本文レイアウトは、石野真知子が担当した。集った原稿を石野に渡し、レイアウトしてもらった。レイアウト用紙なるものをはじめて見て、その指定用紙を渋谷と僕とで、神楽坂にあった写植屋に届け、文字を打ってもらった。飯田橋から東販の方に向かい、印刷屋や製本屋の多い一角にあるマンションの一室に鉄骨むき出しの写植機が並べられていた。渋谷と僕は、不思議な秘密工場を訪れたように呆然としながら、指定用紙を渡し、受け渡し日時を決めていたりした。

雑誌作りの手足の作業は、渋谷と僕がやっていた。僕の父親が町の印刷工場を経営していたので、そこで原価で印刷してくれることになった。最初は費用の安いタイプ印刷にしようか、と渋谷は考えていたが、父がタイプ印刷と同じ費用でオフセット印刷にしてあげるから、と言ってくれた。費用は渋谷と岩谷宏が大部分を集めてきたが、僕らもこづかいの中から拠出することを要求された。渋谷の実家は目白のお屋敷が並ぶ一角にあり、父親は東京大学を出て大和銀行に勤めるエリートであり、母親は北区の大地主の娘であった。しかし、渋谷は若い時から自立心旺盛で、家に頼らずに暮らしていた。

創刊準備の会議が終わって、渋谷から声をかけられた。

「きつかわ、暇だろ、これから広告営業に行こうぜ。まだまだ費用が足りないから」

「ああ、いいぜ」

「よし、狙いはロック喫茶だな。本の配本も頼みたいしな。やはり中央線沿線だろう。まずは高円寺かな」

営業活動

僕はミニコミ程度のものは作ったことはあったが、商業誌というものがよく分からなかった。

「ようするに、雑誌を作って書店で売って、広告を入れればいいんだ」

渋谷の単純な説明も何か危なっかしい。

渋谷と僕は新宿から中央線に乗り高円寺に行った。僕は四谷で生まれて四谷で育ったから、山手線の外側というのは未知の領域であった。父方の祖母が板橋の滝野川にいて、子どもの頃からよく遊びに行ったぐらいだ。母方の祖父母とは四谷で一緒に暮らしていて、母方の親戚も「目黒のおばさん」とか「麹町のおばさん」というようにだいたい、山手線の近辺にいた。昔は、親戚のことを地名をつけて呼ぶことが多かった。

高円寺には「キーボード」とか「ムーヴィン」とか、いろんなジャンルのロック喫茶があり、長髪のいかにもウェストコーストのヒッピーみたいな店主がレコードを回していた。

「こんちはぁ」

渋谷が元気な声で店長らしい人物をみつけては声をかける。

「今度、画期的なロック雑誌を作るんで広告という形で協力してくださいよ」

僕はついていったが、こういう場合、どういう話をすれば分からず、まずは僕らが作ろうとしている雑誌のコンセプトと思いをじっくり語りかけようと頭の中でシュミレーションしていたのだが、渋谷がさっさと店長に営業トークをはじめてしまった。反応は冷たいものだった。

「広告しなくても客は来るからね。いいよ」

「なんとかお願いできないですかねぇ」

渋谷はしつこかった。そのしつこさに僕は少し感動した。僕にはない能力と感性を持っている奴だなと思った。

「そうですかぁ、では創刊号を見てください。絶対、広告出したくなりますよ。ああ、それで、もひとつお願いなんですが、販売に協力してもらえませんかね。お店に置いていただきたいのです。掛け率は7掛けでお願いしてます」

なんとか販売は協力してもらうことになり、2人で店を出た。

「ちぇっ、せこいロック喫茶だ」

渋谷は店を出ると、あからさまに広告を出さない店の悪口を言った。そういう態度が僕は好きではなかったが、しかし、好きではないが微妙な「頼りがい」のような信頼も同時に持ったというのが正直なところだ。渋谷は意識的に悪党ぶるところがある。商売というのは、こういうスタンスでやらないと、うまくいかないのだろうとも微かに思った。渋谷は、いろんな意味で「戦う男」である。

いつだったか、僕がロッキング・オンを離れて、久しぶりに渋谷に会った時に、「おまえの楽しみってなんだ」というような質問をしたら、こういう答えが返ってきた。「雑誌の広告料金を値上げするじゃないか。それで渋るクライアントに、なんとかお願いしますよ、と説得する時に至上の喜びを感じるな。ひっひっひっ」と。実業家として成功するには、こういう体質でないとダメなのか。

渋谷と2人で、中野、高円寺、吉祥寺、荻窪と多くのロック喫茶を回ったが、どこも反応は悪かった。新宿や渋谷も回ったが同じだった。渋谷には当時、ブリティッシュ系の「ブラックホーク」とウェストコースト系の「BYG」というのがあった。「ムルギー」というカレーライス屋のあるあたりだ。新宿のロック喫茶よりも、インテリ風のスノッブな雰囲気が漂っていた。僕は大学が渋谷にあったので、ブラックホークにはよ新宿のアナーキーカルチャー、渋谷のスノッブカルチャー、中央線沿線のヒッピーカルチャーと、それぞれ町の雰囲気を漂わせていた。

第2章　創刊

世間知らずの子どもたちが集まって、雑誌というメディアを創刊し、出版社としての事業を立ち上げた。何も分からないまま。

創刊号執筆者

さまざまな初体験と試行錯誤を経て、ロッキング・オンが創刊された。

ロッキング・オン創刊号（１９７２年８月号）の目次は以下である。定価は１５０円だが、表紙回りには定価の記入がない。入れ忘れたのだろう。本文の奥付に「定価１５０円」とあるが、発行日はどこにも書いてない。

April Fools Day ロックコンサート（無名バンド総決起集会）を開いて　加藤文子
アビイ・ロードへの裏通り　松村雄策
アリス・クーパー試論（Ⅰ）ヤードバーズより遠く離れて　渋谷陽一
「ビューティフル」とは何か　大久保宏
（イラスト一点）
（写真5点）　斎藤陽一
レコード評
●イート・ア・ピーチ　渋谷陽一
●キング・クリムゾン　岩谷宏
エマーソン・レイク・アンド・パーマー論　岩谷宏
無題　塚脇功
うたえないコロッケのノート　加部燎子
アルバイトロック　丹下雅之
序論・おれにとってのロック　久保直
小劇の黒白　千坂譲
書評「意思表示」（角川文庫）岸上大作の死　黒井鬼吉

「ロッキング・オン」創刊号

（イラスト1点）（写真5点）と書いてある。事務的連絡が、編集もされずに、そのまタイトルになってしまったのだろう。

扉には「隔月刊の真にロック的なロック専門誌」と銘打たれ、渋谷による創刊宣言がビートルズの写真とともに掲げられていた。

創刊宣言は以下である。

我々は現在のロック・ジャーナリズムに対して一切の希望を持たないし、直対応的な怒りも持たない。ただあるのは冷たくさめた視点だけである。40数ページのオフセット印刷のこの小雑誌が、そのさめた視点のささやかな結果であり、一つの我々が投げうる石つぶてである。

掲載されている原稿は全て基本的には投稿という性格を持つものである。そして読者すなわち参加者という性格を持つ雑誌である。

文章の長短、内容、そして技術は一切問わない。ただの感想文ではない、自分を語りそしてロックを語った文章であれば経済的条件が許すかぎりのせていきます。

また金銭的、技術的、労働参加的、販売協力を強く希望します。

まず定期購読と、投稿を。

最後に創刊号にかかわらず広告という形で協力していただいたロック喫茶各位に御礼いたします。

レボルーションというミニコミの投稿者というところからスタートした渋谷は、投稿を基本とした雑誌形態を考えていた。これは自発的な発言という意味もあるし、原稿料を求めるな、という意味でもある。創刊号は、創刊の動きにかかわってきた仲間たちの投稿という形で原稿が集まってきた。

加藤文子と加部燎子というのは石野真知子のペンネームである。久保直というのは大久保青志である。丹下雅之は記憶にないが、岩谷宏の友人ではなかったか。千坂というのも記憶にないが、渋谷の友人だと思われる。黒井は、渋谷の実家の近所に住んでいた幼な友だちで、一時ロッキング・オンの経理を担当していた有田謙である。

創刊号を見ると、広告はロック喫茶が二つ入っているだけだ。あれだけ回ったのに二つしか広告がとれなかったにもかかわらず、創刊宣言で渋谷が律儀にお礼をしているのは、渋谷らしい気配りと「今に見ていろ、ロック店主!」みたいな気分が感じられる。

広告は、一つは、吉祥寺の「赤毛とソバカス」であり、もう一つは表4に入った新宿の「サブマリン」である。サブマリンの広告は、素人のイラストにミュージシャンの名前が並んでいるものだけど、「Youichi」と書いてあるから、もしかしたら渋谷が書いたのかも知れない。渋谷は、中学生の時に美術部の部長をやっていたとかで、目玉の大きな自画像みたいなマンガを描くことは知っていた。ちなみに、渋谷の高校時代は社研（社会研究会）である。

塚脇功

創刊号に橘川幸夫の名前はない。塚脇功という男が「無題」というタイトルで原稿を書いている。これが橘川幸夫である。なんでペンネームにしたのか覚えていないが、最初、僕は印刷屋のせがれとして渋谷に声をかけられたと思っていた。当時の僕は、三つのコミュニティというか、テーマグループに属していた。一つは四谷にあった早稲田大学のノンセクトラジカルのグループだった反戦連合の人達が集まっていた「もっきりや」のグループであり、もう一つは「まんがコミュニケーション」（子ども調査研究所）の「まんが」であり、もう一つが「ロック」であった。それらはバラバラであったが、僕の内部では「時代」という芯によって共通のものであった。

岩谷宏が僕の原稿を読んで、僕が書いているとは知らなくて、

「おい、この人の原稿に『音にしがみつく』という表現があるよ」

と言って喜んだが、渋谷が、

「この原稿、橘川のだよ」と言ったら、岩谷宏は、「なんで本名で書かないんだ」とにらみつけるような顔をして僕を見た。

あとは、この原稿について誰かに何か言われたことはない。一度だけ、僕の一番可愛がっていた弟分のような存在であった堀口琢司に「ああ、塚脇ってオレだよ」と何かの拍子に言った時に、琢司にものすごく驚かれたことがあったぐらいだ。

「塚脇功」の「つかわき」は「キツカワ」を分解したもので、「功」は、当時身近な存在として大きな影響があった、マンガ家の真崎《まさき》・守《もり》からとった。創刊号の原稿に、ソウルイートについての記述があるから、転載する。橘川幸夫、22歳の原稿である。句点のまったくない文章である。なぜかというと、72年の1年間だけ、僕は短歌ばっかり書いていたことがあったからだろう。歌とは「訴え」であり、「文章のロック」とは何かをつきつめて行ったら西行や定家の短歌に出会った。

１９７０年夏新宿。ソウルイートに僕はどっぷりと浸っていた。二階の不健康な空間と壊れた音量は僕の違和感を超えて麻薬のように僕を吸い寄せた。僕の知る限りでは一番巨大な音量を持つロック喫茶であったが客は皆音にしがみつくように全身でロックを甘受していた。ソウルの定住者は殆どフーテンであったが僕はフーテンですらもなかった。僕は彼らの無政府的な秩序が好きだったけど彼らの側から僕などはどうでも良かったのだろう。野音などのコンサートでいつも最前列でラリって一般のひんしゅくをかうのは彼らであった。店の閉まる深夜まで僕は壁に押し付けられるように座りっぱなしだった。ロックがコミュニケートの音楽などという伝説はデタラメで僕はロックにのる程につれてますます孤立して行くばかりだった。うつむいて殻に逃げこむように体を震わしている多くの客の中には僕のような人間が何人も同時にいたのに違いない。だがみんな他人だ。

新宿は河
だが　海というところには着かない

永山則夫がこう書いた時彼も「海」を渇望しながら新宿というどぶ河に流され続けていたのだ。新宿というのは妙な街だ。それは必ずしも新宿でなければならない事はないのにそれはいつだって新宿なのだ。1970年。危険な17歳も狂気の19歳も既に成人式だ。ソウルというよどみに浮かぶ泡沫《うたかた》も退廃というのにはあまりにも明る過ぎた。ボンド・マリファナもどきの煙草。大麻の製造法がガリ版で配られたりした。踊りながらトンボを切る男。東北出らしいフーテンがロックの流れる中で故郷の民謡を唄い出す。ワルノリ。スピロヘータと精虫が蠢く便所。両性具者。ボンドをやりながら幼児のように泣いている太った女。巨大な音量の中を表情もなく経哲を読んでいるどもりの少年……一体僕は何を語りたくて語りはじめたのだろう。永山則夫は「河」と真剣に対決したが故に今殺されようとしている。しかし僕は今にも崩れ落ちそうな時間の壁の下でそれでも何事でもないかのようにあたかも慣れたかのでもあるように「　　　　」の通り過ぎるのを待ち続けなければならないのだろうか。

久しぶりにこの原稿を読んだ。僕は自分で書いた原稿をほとんど読み直さない。あの時の怪しいライティングと木箱のような空間の記憶が目の前にまざまざと浮かびあがってきた。そして、中年サラリーマンに無理矢理キスを強要されたり、化粧の濃いハーフの女の子にトイレに誘われたりした記憶も生々しくよみがえってきた。そして、何よりも、僕はこの30数年間で書いていることがまるで変化していないことに驚いた。いやむしろ22歳の時の自分の方が、どれだけ時代にリアルな感触を持てていたかに愕然とする。いくつか注釈が必要かも知れない。

「野音《やおん》」とは日比谷の野外音楽堂のことで、ここは会場費が安かったので、よくアマチュアバンドを集めて99円コンサートをやっていた。１００円以上の入場券だと税金の支払いが発生するという理由だったと思う。僕は高校生の頃に日比谷図書館に通ったことがあるので、なじみがある場所だったし、四谷の家からも近かったのでよく行った。いろんなバンドが出ていたが、まだ新人でキャロル・キング風に歌う五輪真弓がよく出ていて、少しもロックではないので、観客は一斉にブーイングと「帰れコール」をするのだが、少しもめげないで歌い続けていた。それも一度や二度ではなく、いつ行っても出てくるのだ。そのたびに「帰れコール」が起こるが、全然めげないで、凄い根性だと思った。

ある昼下がりのコンサートの時、僕の席のすぐうしろで騒がしい音がした。演奏中だったので、騒がしい空間ではあったが、それとは違う殺意の漂うただならぬ気配であった。振り向くとフーテンらしい男が口論をしていた。彼らはそのまま会場の裏の方へ出ていった。しばらくすると、「刺された、刺された」という声がした。フーテンがナイフで相手を刺したようだ。しばらくすると、救急車のサイレンが聞こえた。ロックのコンサートは何事もなかったかのように続けられていた。まるで小さなウッドストックのような場だったのだろう。

今でも野音のコンサートはあるけれど、今と当時との違いは、野音ではコンサートの回数以上に学生運動の集会が開かれていた。僕もほとんどの集会に参加していた。関西ブントの流れである赤軍がはじめて東京に登場したのも野音である。他のセクトのように数を誇示するためのシュプレヒコールやジグザグデモをするわけでもなく、少数の覚悟を決めた風な顔つきの男たちが赤軍の旗を持ち静かに歩くだけで、あたりに独特の緊張感をもたらした。

永山則夫とは、連続殺人事件を起こした男である。永山は新宿のＪＡＺＺ喫茶「ヴィレッジ・バンガード」でアルバイトをしていたと言われている。そして、そのあとにアルバイトとして入ったのが明治大学の理工学部にいたビートたけしである。僕はソウルイートに通う前は新宿の「木馬」というJAZZ喫茶によく通っていた。歌舞伎町のコマ劇場の方に引っ越す前の靖国通り沿いのビルの2階にあった頃だ。「ヴィレッジ・バンガード」も何度も行ったことがある。僕は早生まれの50年生まれで、団塊の世代は49年までを言うらしいが、学年的には団塊の世代と一緒だった。僕が17歳の時に「危険な17歳」という言葉がマスコミで流行った。17歳の引き起こした事件が多発したからである。そして19歳の時に「狂気の19歳」という言葉が流行った。永山則夫は1949年6月生まれであり、逮捕されたのが19歳の時であった。

書店開拓

創刊号が出来たので、協力者が手分けして、都内の書店に持ち込み、配本をお願いする作業が始まった。僕は割と、こういう事務作業が好きなので、あちこちを廻ったが、断られることが多かった。特に書店は相手にしてくれない。今なら、いろいろ情報を集めて、あらかじめ持ち込みを認めてくれる書店が分かるが、当時は、とにかく手当たり次第にあたるしかなかった。ロック喫茶や、楽器屋さんは、好意的に置いてくれる所が多かった。僕の担当でいうと、御茶ノ水の石橋楽器、銀座の山野楽器、ヤマハなどは置いてくれた。大学の生協もわりと対応してくれた。僕の担当は、池袋の立教大学、吉祥寺の成蹊大学、御茶ノ水の中央大学、飯田橋の法政大学、早稲田の文学部、渋谷の国学院大学などであった。

六本木の交差点の所に誠志堂という書店があった。創刊号を持ち込んで、置いてもらえないでしょうか、と頼んだのだが、店長がえらく無愛想で、それどころか商売の邪魔するなといわんばかりの態度で追い払われた。あとで聞くと、書店業界の大物だったようだ。都内のあちこちに販路営業に行って帰ってくる連中も、みんな、疲れるようなことが多かったようだ。創刊によって手伝いたいと集まってくる人間も増えたが、来なくなった人間も増えた。

定価150円で7掛け。1冊売れるとこちらの取り分は、110円。これを人海戦術でやるのだから、交通費も出ない。創刊号は3000部印刷したが、配本出来たのは800部もなかったのではないか。しばらく製本屋に積んであったが、渋谷の自宅に引き取られた。2号からは僕の部屋で引き取ることになった。僕の部屋といっても6畳もない部屋で、ベッドの横に積み上げると雑誌に押しつぶされる夢を見た。

僕が10年後にロッキング・オンをやめる時、創刊号から20号ぐらいまでは各200冊を確保して、僕の家の倉庫に保管してあった。その頃にはすでにプレミアムがついていたから、渋谷にどうしようか、と相談したら、渋谷は、「オレは定価で売ってたものに、付加価値つけて値段を吊り上げるのが嫌いなんだ。定価で、ロッキング・オンの読者に売ろう」と言って、幻の創刊号も、150円で全部売ってしまった。渋谷は、ビジネスに厳しい男だが、また同時に倫理的には潔癖なところがある男だ。

反省会議

創刊号に対する渋谷陽一の落胆ぶりは大きかった。デザイン面でも、内容面でも、販売面でも、僕たちが思っていたものとは程遠かった。「とにかく出す」ということだけが優先されて、世の中に自信を持ってメッセージを送り出すというものにはなっていなかった。特に、デザイン面でのクォリティの低さ、事務的でスピリットのこもってない本文レイアウトに渋谷は怒っていた。

ただ、世の中の反応には一定の手ごたえがあった。手紙や投稿が舞い込みはじめ、スタッフたちのやる気も高まっていた。相変わらず協力者はたくさんいたが、編集・制作については、渋谷と僕が担当し、岩谷宏にいろいろと教えてもらうという体制になった。岩谷宏が、創刊されたばかりの「雑誌総カタログ」という分厚い業界の本を持ってきてくれた。雑誌の広告料金が一覧になっているものだ。僕たちは、それを参考にして、広告料金表を作り、創刊号を持って再びロック喫茶を回ることになる。

創刊2号の編集とデザインは結局、僕がやることになった。表紙は渋谷の友人の小林明という早稲田の学生がジャニス・ジョプリンのイラストを描いてくれた。なかなか迫力のある絵で、創刊号の冷たいデザインとは違っていた。創刊2号の目次頁を見ると「編集長　渋谷陽一、イラスト　小林明、編集者　橘川幸夫、監督　岩谷宏」と書いてある。創刊号のレイアウトの仕方を横から見ていたのを、そのまま真似をして、僕が全部の頁をレイアウトした。仕上がりについては、渋谷は、ものすごく喜んだ。「これで、ようやく創刊だ」と彼が言ったのを覚えている。しかし、その後しばらくは僕が編集とデザインを担当するのだが、毎号が創刊号のように内容もイメージも変化し、僕は、それが楽しかった。

創刊号のテキストについても、内部的にも批判が多かったので、掲載は厳選しようということになった。創刊2号で、何よりもインパクトがあったのが、巻頭の「エマーソンレイクアンドパーマー訳詞集」である。岩谷宏の訳詩は、それまで聞いていたロックを言葉の面から補強する、新鮮なロックへのアプローチであった。僕らが感動していたロックの音とは別な意味でロックの詩というのは衝撃だということを、改めて教えてもらった。楽器も弾けないし、音楽的素養の少なかった僕も、言葉や考えの側面からロッキング・オンにアプローチ出来るような気がした。ロックの言葉を問題にするということは、他の音楽雑誌にも、あまりなかったと思う。岩谷宏の翻訳詩は見事なものであった。

現在であれば、著作権侵害で訴えられそうなことだが、当時は、そんなことおかまいなしであった。僕もデザインしながら、勝手にマンガ雑誌から切り抜きをして貼ったりしていた。今見て、ほほえましく思うのは、僕は高校時代に山岳部にいて、山登りばかりしていた。誌面に滝の写真や木立の写真が使われているが、これは、僕の高校時代の写真アルバムから取り出して使ったものである。

創刊2号の目次は以下である。

「ロッキング・オン」2号

エマーソンレイクアンドパーマー訳詞集　岩谷宏
ブリティッシュ・ロック考　渋谷陽一
アビイ・ロードへの裏通り　松村雄策
ミックミラーバンドの不思議な物語　Mami 洋子
極めて偏狭なるロック観及び女性観或いは二者の関係論　瀬戸千也子
ブルーズはなぜロックになるか　岩谷宏
夏黙　橘川幸夫
ニールヤングの寒さ　今村豊
レコード評「レイラ」「デレク・アンド・ドミノス」　渋谷陽一
レコード評「ザ・ビートルズ四点結晶」　岩谷宏
生のロック　中島康信
ロック論　伊藤義章
ハードロック学序説　小松晴男
「雨の日の女」に関する自註　大久保宏
ロック・言葉・思考　加部燎子
日本・ロック　大久保青志

ソフトマシーン　岩谷宏
アリス・クーパー試論　渋谷陽一

創刊号に比べて、内容的にもはるかに多様であり、質的にもまとまってきている。新規投稿の中から、渋谷や岩谷宏が推薦するものを僕が預かって、編集をした。原稿の並べ方は、僕がたたき台を作って渋谷と相談して決めた。「岩谷・渋谷・松村」の３人が巻頭に並んでいるのは、僕が決めたのだが、２号の段階で、これからのロッキング・オンの方向性と中心人物が見えてきていた。

Mami洋子というのは、関西方面から投稿してきた好光英子という女性である。瀬戸千也子も投稿だったと思うが東京の子で、「ロックとセックス」の関係を書いた原稿であった。サブマリンの雇われ店長である中島康信（チョーク）と常連客の今村豊（パンサー）も書いている。

渋谷がレコード会社から、宣伝用のミュージシャン写真をもらってきたので、それが使えるようになって、なんか業界にかかわっていくような気がした。編集後記の頁に、ロバート・フリップの写真が使われているが、こういう写真が使えるだけで、僕は少しうきうきしていた。

この号の、前口上は渋谷が書き、編集後記は僕が書いた。

前口上

ロッキング・オンの第2号です。第2号というのは第1号に続いて出るもので、一つの持続性のショウチョウなのです。第1号の次に出る第2号というのは一見いかにも当たり前みたいですが、現場の人間にとっては2という数字は実にイロイロな感慨を感じるものなのです。などとグチじみたことを言ってもしかたがありません。とにかく第2号なのです。次は第3号です。

新規の投稿者もかなり増え、少々熱くなってきましたが、まだまだなので投稿をひたすらお待ちします。

それに販売面での協力をお願いします。とにかく何でもいいのです、まだあなたがこの本を買っていないで立ち読み中でしたら、150円を持っている事を確認した上でどうぞレジの方へ。まずそれが私達の共通の場への一歩目です。

編集後記はこれである。

○今回はド素人が編集したのでドジなところがありましたら読者・執筆者の諸君カンベン。

○1号の売れ行きは「まあこんなものか」という予想外でもあり予想通りでもありました。ただロック喫茶が駄目で本屋での売れ行きが伸びたという事は意外でもあり皮相な結果でした。

○次第に未知の友人たちからの文章が送られ、あるいは直接に持ち込まれるようになって来て、それだけが経済的基盤の大ピンチという事態の中で我々の救いです。

○原稿に期限はありません。原稿用紙で縦書きでお願いします。

とにかく、お金がなかった。

短歌

ロッキング・オン創刊2号の僕の原稿が凄い。なにしろ短歌なのである。当初から僕には、ロック雑誌というものが、ロックについて書いてあるものではなく、ロックによってインスパイアーされた自分のことを書くべきものだと思っていた。その後、10年間ぐらいロッキング・オンの中で、僕はひとり、その態度を続けることになるのだが、ロックという音楽に近づきつつ、ロック音楽そのものは語らない、というスタイルで押し通した。そのスタートが短歌である。

1971年から72年にかけてのほんの1年間だけ、僕は短歌を書いていたことがある。それは西行の歌を読んで、触発され、新古今和歌集のロジカルな言霊に震えたからだ。そのときの30首がロッキング・オンに掲載されているのである。

西瓜持ち歩いて来たる妊産婦赤き内面を誰が食らふ
長髪を切りしとて耳おおうものあり新宿に木霊なく
その笑顔は重たき夢（いま）を支える意志かジャニスは何を祈らん

突然にローリングストーンズ聴きたくなりし吾の転がる斜面知らねば

割腹の真似したりボールペンの青Tシャツよりぬけず

30年間、読むのも恥ずかしかったが、今となってはなんとか読める。最後のは、三島由紀夫の自死のことだろう。

欲望を飼いならすがごとくの堕落して電話の悲鳴待ちて眠りし

渋谷は、この歌がよいな、と言ってくれた。

当時の僕は、ロックの音響の中で、ひたすら文学的な方向性で自らに穴をあける作業に進んでいたのである。最初は、自分の言いたいことを言い、書きたいことを書くのがロックなのだから、どういう原稿を書くのかは、スタッフの側にまかされていた。雑誌の発行が続くにつれ、それではダメだと思った渋谷は、広告の取れたレコードを持ってきて、これのレビューを書いてくれないかと、スタッフに指示することが増えてきた。集まったスタッフを、どう使おうか、渋谷は考えていたのだろう。

「ロキノン」という言葉がある。ロッキング・オンを嘲笑した言葉で、音楽雑誌なのにライターが自分のことばかり書いていて、音楽雑誌なら音楽のことだけを書け、という立場からの批判的ネーミングだろう。Twitterに「えかきのルロアさん」が次のツイートをしていた。

「ロキノン系」、読者を指して言う場合は、創刊メンバーの橘川幸夫が1970年代の「ロッキング・オン」で志向した「ロックに仮託した私語りでつながる人たち」の事であって、同誌がメジャー化する上で、渋谷陽一が1981年に橘川への批判も込みで「ロキノン系」という読者層を「捨てた」んだよ。

なるほど、今、言われている「ロキノン」とは僕のことであったようだ。

フィルムコンサート

渋谷はロッキング・オンの資金集めに汲々としていた。ある時、みんなにこう言った。

「おまえら子どもの時に、切手集めやってなかったか?」

「おお、やってたやってた、友だちと交換したり、トランプのオイチョカブで賭けたりしてたなあ。切手の時価が分かる冊子を買ってたなあ」

「今度、みんなで切手のストックブックを持ち寄らないか」

「なんだ、自慢しあうのか? オレ、見返り美人持ってるぞ」

「そいつを売って、ロッキング・オンの資金にしよう」


場が凍りついた。実際、みんながストックブックを持ってきたかどうか忘れたが、そんな提案すらしていたのだ。ただ、資金の大半は印刷屋への支払いだったので、それは僕の父親に支払うものなので、お金のことで一番悩んでいたのは渋谷と岩谷宏だった。父親は製版屋や製本屋への支払いで苦労していたが、僕に対しては何か文句を言うこともなかった。

フィルムコンサートは何回かやったような記憶がある。目黒の区民センターを使うことが多かった。フィルムコンサートとは、レコード会社からプロモーション用のフィルムを借りてきて、お金をとって上映会をするのだ。今ではYouTubeやMTVがあるが、昔は、ミュージシャンはコンサートで実物を見るぐらいしかなかったし、日本での公演はわずかなものだった。外国のミュージシャンのフィルムは、ファンにとっては、お金を出してでも見たいものだったのだ。ジミ・ヘンドリックスとかシカゴとかの映像を集めた。フィルムコンサート会場では、ロッキング・オンの即売会もやっていた。

ロッキング・オンが創刊する以前から、渋谷は小さなコンサートを主宰していた。あれは1970年だったたか、渋谷の友人だったブルースクリエーションの竹田和夫さんのライブを青山の小さな店でやった記憶がある。まだ19歳ぐらいの渋谷は、発売されたばかりのディープ・パープルの「インロック」のアルバムを持っていて僕に聞くことをすすめてくれたりした。

渋谷の、こうした活動は、やがて、15万人を集めるに至ったロッキング・オンの夏フェスの成功につながるのだろう。

橘川榮一

ロッキング・オンは、渋谷、岩谷、松村、橘川の創刊4人組が中心となって発行されていたのだが、もうひとり、実務の面では一番活発に動いていた人がいる。僕の父親の橘川榮一である。

親父は、戦前、墨田工業高校を卒業して戦地に行き、戦闘機・屠龍の通信兵だった。戦争から帰ってきて、米軍基地に出入りをして、物資の調達を行い、闇市で販売していた。ある時、米軍のゴミ箱に大量のコンデンスミルクの空き缶があるのに気づき、それを払い下げてもらった。何をしたかというと、戦前の父の親戚たちは、サラリーマンはいなくて、みんな錦糸町とか亀戸あたりで町工場をやっていたり、職人だったりした。その中に、下駄職人がいて、下駄の鼻緒をとめる金属の留め金が、戦争中に軍に供出されて不足していたことを知っていたので、コンデンスミルクの缶詰を平に伸ばして、円状にくり抜いて、下駄屋さんに供給したようだ。また、米兵がジッポライターでタバコに火をつけるのを見て、親戚のがま口のバチンと止める蓋を作っている職人の伯父さんと試行錯誤して、オリジナルのライターを開発して、闇市で販売していたとも言っていた。工業高校卒業なので、ものづくりのセンスがあった。

しかし、非合法の闇市には違いない。たまたま闇市で、出会った元上官に「おまえは何をしているのだ」と叱責されて、その人の紹介で印刷会社・黎明社に入社し、印刷技術を覚え、その後、独立して、小さな印刷会社を経営する。印刷屋というのは、時代の景気に最も影響を受ける業界で、景気がよくなると商品が売れて、宣伝の必要が増えるから、印刷の需要も増える。景気が悪くなると、一気に、印刷の需要は減る。なので、定期的に刊行される雑誌を出す出版社は、重要なクライアント先である。印刷屋と出版社は、他の業界では見られない、絆がある。出版社が苦境に陥った時に、一番支援してくれるのは印刷屋である。出版社の支払先の一番大きいのは印刷屋である。

僕の父が印刷屋であったということが、ロッキング・オンの創刊にとって、大きな力になったことは間違いない。素人の学生たちの持ち込む原稿を修正してくれたり、印刷の折丁の構造を教えてくれたり、安い用紙を探してくれたりした。遅れ遅れになる支払いも、文句を言いながら、やりくりしてくれた。

後年、梶本学が「よいこの歌謡曲」というアイドル雑誌を創刊して、印刷の相談を受け、父に頼んだこともある。エンドウユイチと中森明夫が編集していた「東京おとなクラブ」も、一時、親父が印刷をしていた。エンドウユイチは、その後アスキーに入り、現在はアスキー総研の所長である遠藤諭《さとし》である。中森は、アイドル評論家として有名になった。70年代から80年代前半のサブカルチャー雑誌に、うちの親父はからんでいたわけである。

親父は、ロッキング・オンの印刷を10年くらい担当することになる。

編集部

最初の編集部は渋谷の自宅だったが、創刊号の返本の山に渋谷の部屋が埋もれてしまった。渋谷の家は、目白の本物のお屋敷町の真ん中にある。やがて有名になるエッセイストの泉麻人が、デビュー前にテレビガイドの編集者だった頃、渋谷がテレビガイドに連載をしていて担当者が泉だった。本名は浅井泉。なので、彼が「生まれは目白です」とメディアで言うと「浅井は南長崎だろう」と文句を言っていた。

ちなみに、泉麻人の最初の文芸本である『カジュアルな自閉症』（１９８５年）は、渋谷とは関係なく、偶然にも、僕が文藝春秋に提案してコーディネートした本だ。丁度文春が、ネスコという新ブランドを立ち上げて、それまでの文春人脈ではないライターを発掘したいと、僕のところに相談が来たという経緯だ。もうひとり、友人の紹介で、柴門ふみが文章を書きたがっていると聞いていたので紹介したのだが、その友人が柴門さんと喧嘩してしまい、そちらのほうの話は流れた。

渋谷の自宅編集部は、本が置けなくなったのと、ロック評論家としても人気が出始めて、誕生日にいきなり家の前に花束が置かれたりして、渋谷が不気味がり、編集部を探すことになった。本の返品は、２号は僕の部屋を占拠した。

ある時、渋谷の自室で、渋谷と石坂敬一と相倉久人との座談会をやったことがある。石坂さんは、ユニバーサル・ミュージックを発展させたので有名だが、当時は、東芝ＥＭＩのディレクターで、ビートルズやピンク・フロイドの担当。この座談会の時、僕と松村が渋谷の部屋の押入れに隠れていて、石坂さんが入ってきたところで「おりゃあ」と飛び出たら、石坂さんの驚くこと驚くこと。ガキの時代である。相倉久人さんは、ジャズ評論家として著名だったが、なぜか、渋谷陽一を気に入り、のちにＮＨＫの若いこだまのＤＪ選考の時に、渋谷を強く推してくれた。

誰かの自宅ではない編集部が必要だということになり、探していたら、岩谷さんが勤めていた会社の一角をタダで貸してもらえることになった。広告デザインなどの会社だが、社長さんが良い人で、若い連中が新しいことをやるのを応援したい、というので、貸してくれたのだ。渋谷神南のラブホテルが近くにあるビルだった。普通の会社の一角に長髪のあやしげな学生集団がたむろしているのだから、異様な光景である。

ロッキング・オンが３号まで来て、はじめてマスコミの取材というのが来た。旺文社の「中二時代」という受験雑誌だ。僕は取材の場にはいなかったが、渋谷の事務所にライターが訪れた。そのライターは太刀川正樹といって、その後、政治のルポライターとして活躍した人だ。その雑誌のコピーが僕のところに残っている。アリス・クーパーが蛇をまきつけているポスターの前に岩谷宏が写っている。渋谷はロッキング・オンの２号と３号を持っている。

内容を紹介しよう。

深夜、勉強に疲れたとき、頭をあげて、ふとラジオのスイッチをひねってみたまえ。ディクジョッキーのおしゃべりのあとに聞こえてくるのはロックミュージックだろう。

ペンをおき、ロックに一瞬没入している自分を発見する、という経験は誰にでもあるのではないだろうか。

君はロックを聴いて何に思いをはせるのかな？　受験勉強なんかくそくらえ！か、父や母のこと、それともボーイフレンドやガールフレンドのことかも。

そういう君に、ロックファンによるロック専門誌「ROCKIN' ON」を紹介しよう。

ロッキング・オンは君と同じようにロックを聴いて、何かを叫びたくなり、それを書くことによって自己表現したいと感じている若者たちのグループなのだ。

特に編集方針はないが、投稿を原則とし、単なる解説や評論家気取りをやめて、自分の書きたいものを書こう、ということだけ。ただ原稿が採用されても、原稿料はもらえない。いや反対に活動に参加するという意味で、原稿料を払わなくちゃならないというから、おかしな、おかしな雑誌だ。

昨年八月、創刊号を出し、三千部を各書店においてもらったところ、すぐ売り切れ。二号、三号も、ミニコミ、専門誌のたぐいにしては予想外（?）の売行きと反応があった。三月中旬発売予定の四号は、一万部も増刷して正式な販売ルートにのせる計画だという。

渋谷駅に近いビルの一室。扉をあけるとタバコのけむりが部屋いっぱいにたちこめ、壁に目をやると、アリス・クーパーがヘビを身体にまきつけているカラーのポスターがはってあって、一瞬ギョッとする。こちらの戸惑い顔を見て、ロング・ヘアの若者がニコニコしながら

「中二時代」に載った取材記事

「アリス・クーパーはヘビ気狂いとも言われていて、ステージにもヘビをつかみながら出てくるので有名なんですよ」と説明してくれた。

彼が編集長の渋谷陽一君（21歳・明治学院大学）だ。事務所といっても机二つに電話一台しかないせせまい部屋。しかしタダで借りたというから、この図々しさには、ロック気ちがいたちのおおらかさすら感じられる。

ロッキング・オンのスタッフは、渋谷君の他に、監督の岩谷宏さん（31歳）、田島昌代さん（青山学院大学）、大久保青志君（国学院大学）、大久保宏君（早大）など大学生が多いが、販売協力などのメンバーを数えると１００人にものぼるという。

編集の打ち合わせの最中らしく、ひっきりなしに電話がなり、グループのメンバーや女子高生からの激励や問い合わせに答えるにも忙しそうだが、笑いがたえない明るい雰囲気だ。

ロッキング・オンをはじめたきっかけを渋谷くんが次のように話してくれた。

「僕は子どもの頃から音が好きだった。そしてビートルズのとりこになってしまいました。今、ロックを聴いてとても考えさせられることが多いですよ。どうしたらよいのかわかりませんが、何かを書きたい欲求にかられます。他に雑誌はありますが、中身といえば、やれジョージ・ハリソンがカリフォルニアに行ったとかなんとか、ぜんぜん面白くありません。それでロックを聴く者の立場に立ってヘタクソでもよいから、僕たちの考えを表現したい。自分とロックの関係を考えてみたい。それが出発点です」

雑誌は当然、仲間がない金を一生懸命かき集めて作られている。大は10万円から小は500円までと出資者はピンからキリまでだが、共通しているのは皆がロックファンということ。渋谷君にしても岩谷さんにしても、雑誌作りはまったくのしろうと。二人は、二年前ロック雑誌「レボルーション」に投稿していたのがきっかけで、ロック論を語り合うようになったという。

だが問題は本をどうやってさばくか？　印刷屋の息子がメンバーに加わっていたおかげで印刷代はまけてくれた。書店に行ってもはじめは主人に「その汚らしい長い髪を切ってから出直してこい」などと言われたり冷たい反応も多かった。

編集長はじめメンバーが都内の喫茶店、書店を重い本の包みをかかえながら一軒一軒歩きまわった。最初はなかなかおかせてくれない。

そうした苦労をへて「ロッキング・オン」の部数はふえていったのだ。苦労話をするときも、渋谷君らの表情は明るい。

ところで一体ロックの魅力とはなんだろうか？　最年長の岩谷宏さんが答えてく

れた。

「ロックの魅力？　ウーン、言葉では言えないな。しいて言えば、自分が素直になれることかな。日常生活では、皆、仮面をかぶったり化粧してないと生きてゆけないでしょう。高校生の場合だと、受験勉強とか家庭問題、時にはセックスで悩んでいる例もあるかもしれない。心の中にすっきりしないものがあるとグイとロックに引かれるのではないかな」

「ロックを聴くとロクなことはないですよ」

と冗談めかしていうのは渋谷君だ。

「僕はロックを聴きはじめてからは、ゼーンゼン勉強ができなくなったのでありまーす。でも勉強以上に多くのものを学びましたよ。これからもできるだけ多くの人にロッキング・オンを読んでもらいたいですね。仲間でコンサートの計画もあるし」

ロッキング・オンは非常に誘惑的で、危険な毒を含んだ花のようだ。

が、それとは無関係のように彼らの夢はひろがってゆく。ロッキング・オンは今はじまったばかりなのだ。それぞれの青春の解答を見つけるために……。

数字は、ずいぶんと誇張してあるが、受験雑誌に掲載されたものとして、よくまとまっていると思う。

編集部が出来たので、喫茶店に集る必要もなくなったし、投稿の手紙をみんなが読むことも出来るようになった。電話も置かれ、仕事上の連絡も入ってきた。なんとなく、本格的になってきたなぁ、という感じである。いよいよ全国販売に向けての体制も出来上がってきた。

第3章

荒ぶる時代

東京・新宿の下町に生まれ育った僕は、見知らぬ人たちと出会い、見知らぬ世界を覗きまわっていた。

故郷・四谷

僕は1950年に信濃町の慶応病院で生まれた。父母は四谷若葉町3丁目の銭湯の裏に暮らしていた。文化放送の前にある四谷第一小学校に入る頃、若葉町2丁目の母方の祖父母が住んでいた家の庭に建てた小さな家に引っ越した。六畳一間の一軒家という狭すぎる家であった。若葉町は、敗戦で満州など外地から帰ってきた人たちが住み着いていた。地主と称する人が現れて、適当に土地を分割して借地権の契約をしたそうである。

下町の人情とおせっかいな人間関係も濃く、子どもたちの路地裏文化も盛んであった。

風呂は銭湯（公衆浴場）である。若葉湯は、舟木一夫がデビュー前から通ってた銭湯で、この銭湯で歌を口づさんでいて、当時の巨人軍の私設応援団長であった関谷文栄に気にいられ、デビュー後は後援会長になったので有名であった。舟木一夫の誕生日には、来た客にケーキを配ったりしたので、二度も入りにいったことがある。僕の祖母が舟木一夫のファンで、ファンクラブに入っていた。不思議なばあさんで、日本橋の糸問屋の娘で、わがままに育ったらしい。なにしろ正確な年齢を、長女である僕の母親も長らく知らなかった。子どもにも自分の年齢を秘密にしていたのである。舟木一夫のファンクラブにも50歳とかいう年齢で登録していた。うちでは、祖父はじいじちゃん、祖母はばあばちゃんと呼んでいた。「ばあばちゃん、舟木一夫にとって、70歳も50歳も、あまり変わらないんじゃないの」と言うと、あからさまに嫌な顔をした。

それでも10代や20代のファンクラブの会員からよく電話がかかってきて、情報交換をしていた。ある時、舟木一夫が自殺未遂の事件を起こしたことがある。僕は「狂言じゃないの」と言った。そしたら、今にも殴りかかりそうな恐い顔をして「あんた、狂言でも自殺みたいなこと出来るの！　やってみなさいよ」と言った。

それから何十年経ってから、今度はビートたけしのファンになった。70歳を超えたばあさんのところに、近所の本屋から届けられた本は「その男、凶暴につき」だった。

ばあばちゃんは、毎週美容院に行くのが習慣で、その帰りに四谷三丁目にある風月堂でケーキと紅茶をしてくるのも習慣であった。それも座る席はいつも決めてあるので、そこに別の客が座っていると、その席があくまで、立って待っているのである。客の方も不気味だと思う。いつのまにか、店の人もばあばちゃんの習慣を理解したらしく、そろそろ来る頃だと思うと、その席を空けて待っていた。

ガキ大将軍団が小さなエリア単位に出来ていて、先輩の伝承遊びを後輩に伝えていた。メンコ、ベーゴマ、水雷艦長、インディアンと幌馬車、どこいき、その他、いろんな遊びが伝わってきた。ビー玉は「出し」という三角に囲まれたエリアに置かれた各自が供出したビー玉を、自分のビー玉を転がして出したものだけ自分が貰えるというものであった。ある日、ガキ大将が、巨大な球体の石のかたまりを持ってきて、三角形の中に置かれたビー玉を一度に出してしまった。それは、墓場の墓石のところに置かれていた、石材の石球であった。しかし、小さな子どもたちは誰も文句を言わず、そのような見たこともない新兵器を調達してくるガキ大将に尊敬の念すら抱いた。

個性のある老人たちと、無邪気でやんちゃな子どもたちが溢れている空間であった。そんな町を僕は愛していた。

1968年のキャンパス

ロッキング・オン創刊の時代を語るには、僕らが学生であった時代について、語ることが必要だと思う。

僕が大学に入学したのは1968年。国学院大学である。高校が国学院高校だったので、そのまま進学出来た。今は、国学院高校は進学校だけど、僕らの時代は都立高校の滑り止めみたいな存在だった。僕は学校の成績はからっきしダメだったので、都立高校に落ち、住んでいた四谷から歩いて通える場所にあった国学院高校に入学した。とにかく言われたことを覚えるということが苦手だった。教科書をいくら読んでも、何も覚えられないのだ。高校時代は山岳部に所属して山にばかり行き、成績はビリから何番というようなものであった。大学の展望もなかったが、なぜか、国学院大学の入学試験の数日前に高校で行った模擬試験と同じような問題が試験問題に出てきた。今では考えられないだろうが、当時は、そうやってレベルの低い付属校から大学に入っていったので、大学で留年するのは付属校出身が多かった。現在は、大学の付属校そのものが狭き門になってレベルが上がったから、そういうことはないだろう。

1968年の大学は騒然としていた。高校3年生の時に、佐藤訪ベトナム阻止羽田斗争で京都大学の山崎博昭君が亡くなり衝撃を受けた。その頃、一応、受験勉強ということで、新宿図書館や日比谷図書館に通っていた。特に夏は、家庭にまだクーラーがなかった時代で、図書館は涼しく過ごせる場所だったのだ。しかし、受験勉強もほどほどに、大江健三郎や五木寛之や柴田錬三郎など、目につくものを片っ端から読んでいた。教科書に書いてあることには興味を持てなかったが、教科書とは全く違う本の世界があることを知る。「日本読書新聞」という書評新聞が水先案内で、この新聞で紹介される書籍は、高校生の僕にとっては目が眩むような知的フィールドだった。澁澤龍彦を知り、栗田勇を知り、橋川文三を知り、保田與重郎《よじゅうろう》を知り、吉本隆明を知り、埴谷雄高を知り、谷川雁を知り、平岡正明を知った。寺山修司を知り、清水昶《あきら》を知り、石原吉郎を知り、逸見猶吉《へんみゆうきち》を知り、ロートレアモンを知り、ポール・ヴァレリーを知り、トリスタン・ツァラを知り、西行を知り、定家を知り、実朝を知り、無数の詩人たちを知った。読書新聞は、書籍の紹介だけではなく、映画や文化イベントや政治活動の最新情報も掲載されていた。１９６８年の羽田闘争の時に、京都大学新聞の山崎君追悼記事が転載されていて、「今こそ、深い沈黙」というタイトルが逆説的に、自分の深いところの何かを着火させた気がした。

大学に入り、すぐにデモに参加したくて、放送研究会に入部した。しかし、高校生の時は中核派ぐらいの名前は知っていたが、党派というものの実体はよく知らなかった。当時の国学院大学の文化系サークルは大半が革マル派であり、ヘルメットはＺのマークだった。最初はサークルの先輩たちに連れられてデモに行っていたが、なんだか他党派の批判を一生懸命学習している姿に違和感を感じ、サークルは数ヶ月でやめた。法政大学に入ると大半が中核派になって、中央大学に入るとブントになるというふうに、世の中の環境に流されることを否定している人たちが、どうして同じ流され方をするのか疑問だった。

サークルを辞めたのは、代々木公園の集会場で、活動家の女の子から買った「遠くまで行くんだ…」という雑誌を読み始めたのがきっかけである。この雑誌は、元中核派の幹部だった小野田襄二《じょうじ》たちが発行していた雑誌で、いずれも党派活動に挫折して個人になっていった人たちの文学的政治雑誌だった。なかでも新木正人の文章は何度も読み返した。「ノンセクト・ラジカル」という言葉が広がってきて、政治的党派に所属しない個人の活動のゆるやかなネットワークのようなスタンスに共感を覚えていた。文学的営為とは、個人が個人として自立するための手段のように思えたのである。個人が自立することなく、組織の借り物のスローガンを丸暗記しても、意味がないばかりか社会の障害になると思った。

新木さんとはその後、出会いがあり、80年代の中頃、彼が教師を務めていた夜間高校の文化祭で講演をしたことがある。新木さんは、２０１６年４月、最初で最後の単行本『天使の誘惑』（論創社）を脱稿して、亡くなられた。

大学ではいろんな奴と交流した。セクトの人間は、自分のセクトと他のセクトという分け方や、右翼と左翼という分け方をしていたが、僕は、右翼でも面白い奴とは普通に付き合った。「右翼と左翼という分け方はない。本物と偽物の人間がいるだけだ」と思っていた。建前の主義主張だけにこだわる人は、苦手というか、嫌いだった。

ちなみに渋谷陽一は、僕より学年で二つ下なので、1968年の段階では高校生である。都立千歳丘高校の社会研究会（社研）である。吉本隆明の晩年に付き合い、現在「SIGHT」などで左翼的論陣を張っているのは、この時代に大きく影響されたのだと思う。

子ども調査研究所

ロッキング・オンが生まれた背景には、特別な時代があり、無名でユニークな人材が、町をうろついていた。日本では、ロックのムーブメントと同時に、マンガカルチャーの急速な台頭があり、「ロック&コミックス」は、新しい世代にとっての、精神的な支えでもあった。

僕の文章を社会的なメディアを通して最初に評価してくれたのは、子ども調査研究所の高山英男所長である。1969年に「週刊読書人」という書評新聞で、マンガの特集をしていた。「漫画主義」という石子順造を中心としたマンガ批評誌があり、そこのメンバーである梶井純という評論家が、当時、僕の好きだった真崎・守や宮谷一彦を批判する特集をやっていた。漫画主義は、つげ義春らの「ガロ」に依拠するマンガ家たちを絶対のものとして、「ヤングコミック」などの一般雑誌でニューウェーブとして台頭してきた、真崎、宮谷らを敵視していた。僕も「ガロ」は好きだったが、この批判にはむかつき、反論の投稿をしたら、読者欄に掲載された。それを読んだ高山所長が、読書人の編集部に電話して、僕の連絡先を調べたのである。個人情報を保護するより、個人情報を伝える意味が分かっていた時代である。高山所長から僕の家に電話があり「原稿、面白かったから、会いたい」と言われた。僕は「酒でも飲ませてくれるなら行きますよ」と答えたようだ。

子ども調査研究所では、斎藤次郎（次郎さん）が編集長になって、「まんがコミュニケーション」というマンガ情報新聞を発行する準備をしていた。スタッフは安藤と高橋という編集者である。高橋は、その後、直木賞作家になった高橋義夫だ。創刊号は、真崎・守のインタビューが巻頭に掲載されることになった。僕は、ただの学生野次馬としての参加だったが、神宮前の子ども調査研究所で、次郎さんが行った真崎・守のインタビューに立会い、テープ起こしの作業をやることになった。はじめての仕事だし、作業は手間取ったがなんとかまとまった形で提出できた。新聞形式で、大工さんの使う釘袋に「まんがコミュニケーション」と印刷したものを書店や喫茶店に持ち込み、設置してくれるように頼んだ。

真崎・守は、当時、少年画報社の「ヤングコミック」（通称ヤンコミ）を舞台に、エネルギッシュに時代を描いていた。僕らは、水に飢えた犬のように発行を待ちわびていた。『はみだし野郎の子守唄』は、今まで見たことのないマンガで、しかも、時代を生きる男と女を描いていて、的確に僕らの心を射抜いていた。真崎・守は、僕より10歳上で、当時30歳ぐらい。だじゃれのような言語感覚と、唐突なストーリー展開で、しかも、底流にある哀しさは、時代背景とあいまって、僕だけではなく、僕の周辺の仲間たちも数多く魅了していたマンガ家だった。ヤンコミには岡崎英生という実力編集者がいた。彼は、少年画報社の労働争議で退職し「タッチ」という雑誌を作った。これはわずかの期間しか出なかったけれど、岡崎人脈のマンガ家たちが並んでいた。四谷三丁目に編集部があり、僕は真崎・守と遊びに行ったことがある。

ヤングコミックというマンガ雑誌には、時代感覚の鋭い新人作家が続々と登場した。真崎・守は、10歳年上の先を行く人だったが、宮谷一彦には同世代意識を感じた。同じ頃、確か、漫画アクションで掲載されたのだろうか、ダディグースというマンガ家が現れた。突然現れて、すぐに消えたマンガ家だが、こんなエネルギッシュなマンガは見たことがなかった。1981年に僕が始めて出した単行本『企画書』の後記で、感動したマンガとして「白土三平、つげ義春、真崎・守、宮谷一彦、ダディグース」と書いた。そんなことをすっかり忘れていた頃、「ダディグースは矢作俊彦らしいぞ」という話を、村上知彦から聞いて驚いたことがある。時代だ。僕は、時代とのかかわりあい方を追求する人間だけを信じるのだ。そういえば、矢作俊彦が大友克洋と組んで『気分はもう戦争』というマンガを連載していたが、あの感じを、もっとポップでアナーキーにしたのがダディグースだった。

子ども調査研究所の本業は、マーケティング調査だった。電通や博報堂の人たち、バンダイや森永製菓などのメーカーのサラリーマンが頻繁に訪れていた。新聞社や出版社の人も高山所長のコメントを求めに訪れていた。神宮前のマンションの数部屋を使っていたが、会社自体は、数人のスタッフによる小さな組織だった。東京大学の大学院を中退した近藤純夫が新しいメンバーとして参加したばかりだった。

高山所長は、もともと「現代っ子」という言葉を作った阿部進（カバゴン）を発見し、本を編集した人である。また、映画好きの連中にはバイブルのような本であった『映像の発見』（松本俊夫）も高山所長の編集で、タイトルも高山所長がつけたと聞いた。高山所長は、新しい才能を見つける嗅覚にたけていて、自分からは世の中に出たがらない人である。編集者の人生というのは、こういうものなのだと、僕は学んだ。学生だった僕を呼んだのと同時に、関西の大学で「月光仮面」というミニコミを発行していた村上知彦（マンガ評論家）にも声をかけていた。かくして、僕と村上とは１９７０年という時代に、お互い東京と関西の大学生でありながら、高山所長経由で友人になる。村上が東京に出てくる時は、映画に行ったり、酒場に行ったりし、僕が関西に行く時は、おいしいおでん屋やうどん屋などを案内してもらうことになる。また、当時、慶応大学にいた鈴木敏夫も、同じ時代に子ども調査研究所に出入りしていて、近藤純夫のアシスタントみたいなことをしていた。大学を出て徳間書店に入り「アサヒ芸能」の記者から、「アニメージュ」の編集長になり、今ではジブリの名プロデューサーである。やがて各界で有名になる若者たちが、続々と子ども調査研究所のある神宮前の古いマンションに集まってきていた。

ちなみに、斎藤次郎の関係で、僕は「ニューミュージック・マガジン」の読者ネットワークにも参加することになる。四谷や信濃町の書店に行って、「ニューミュージック・マガジン」の入荷状況と売り上げ部数を調べて報告するという係であった。岩谷宏も松村雄策も「ニューミュージック・マガジン」に投稿した経験があるというから、当時の、投稿少年たちは、あらゆるところで接近行動をしていたのだろう。

僕の文章を最初に評価してくれたのが高山所長だとすると、次は、レボルーションに投稿した原稿を評価して連絡をくれた渋谷陽一になるのかも知れない。その頃、僕は、音楽評論家ではなく、マンガ評論家になりたいと思っていた。

子ども調査研究所は、社会に出てからも、僕の「たまり場」であった。新しい仕事が動き出すと、必ず、神宮前の子ども調査研究所に行き、高山所長に「こんなことはじめるよ」と報告に行った。いつも、子ども調査研究所のスタッフは、笑顔で面白がってくれた。何かを相談に行くのではなく、近況をただ報告して、喜んで聞いてくれる人たちがいたことは、僕の人生にとって得難いことだった。子ども調査研究所は、2010年に、50年の活動の幕を閉じた。

真崎・守

「まんがコミュニケーション」の創刊号で真崎・守のテープ起こしをして、しばらくして、僕は真崎・守に手紙を書いた。どういう手紙か詳細は覚えていないが、最後に「真崎・守の目つきは陰険ですね。まるで公安刑事の目みたいです」というようなことを書いた。しばらくすると、真崎・守から葉書が来て「そうか、最近、よくそう言われるんだ」と書いてあった。そして、一度、メシでも食おうとあった。

真崎・守と新宿で会うことになった。新宿通り沿いの角筈を越えたところに「コボタン」という喫茶店があった。ソウルイートが靖国通りだから、ちょうどその反対側にあたる。ここは、マンガが置かれていたが、今のマンガ喫茶とは違って、マンガ家がよく集る喫茶店であった。壁には手塚治虫さんや、有名マンガ家の原画なども飾ってあった。ここも、1970年の新宿の一つのエネルギーの集積場であった。丹古母鬼馬二という俳優がいるが、この芸名は「コボタン」＝「タンコボ」に由来すると聞いたことがある。「学生運動」「ロック」「マンガ」「演劇」「映画」などが一体化して時代の深層をえぐりとっていた。

コボタンに真崎・守が現れた。サングラスをしていた。「みんなが目つきが悪いというので、とりあえず」と真崎・守は言った。僕はコボタンの向かいにある中華料理屋でごちそうになった。「サングラスはパーソナルな闇だ」みたいな話をしていた。

そこから真崎・守との付き合いがはじまる。ひばりが丘の真崎・守の仕事場に、よく遊びに行った。真崎・守は、弟子たちにはものすごく恐い人だという噂だったが、僕に対してはいつも笑顔で接してくれていた。膨大なマンガの蔵書に囲まれた仕事場で、真崎・守がマンガを描いている後ろで、貴重な古いマンガを僕は勝手に読んでいた。

右側の眼鏡の人が真崎・守。向かいの腕を組んでいるのが橘川。橘川の手前が高山所長

僕は、当時、神保町の古本屋の店頭に積まれていたマンガ雑誌の山から、真崎作品を集めて自分なりのファイリングをしていた。当時、1冊10円で古雑誌が売られていて、真崎・守があちこちの青年マンガ雑誌に書いていた作品をスクラップしていた。ある日、たまたま真崎・守が四谷の僕の部屋に遊びにきて、そのファイリングを発見して、喜んでくれたことがあった。

真崎・守は、虫プロがスタートして、鉄腕アトムのテレビアニメを開始した時の、最初の進行係だった。当時のアニメ開発の話なども聞かせてもらった。当時、すでに伝説化していた石森章太郎さんの『佐武と市捕物控』のアニメ演出にかかわり、竹宮恵子さんの『夏への扉』のアニメ演出もやっていた。作品については、完全主義者なので、関係者は苦労しただろう。やがて、角川でアニメ『幻魔大戦』の脚本を書いたり、『はだしのゲン』のアニメ監督もやった。

真崎・守は、虫プロ時代にもうひとつ、日本のマンガ界において重要な役割を果たした。虫プロで発行していた「ＣＯＭ」の誌面で、峠あかねという筆名で、無名のマンガ少年、少女たちの読者投稿の批評を書いていた。真崎・守が中心になって出来た「ぐらこん」というコーナーで、ここには、全国から新しい才能が集まった。吾妻ひでおや樹村みのりは、ここからスタートした。そして、ぐらこんの流れは、米澤嘉博らの行動によって、コミックマーケットに発展していく。

「COM」は、手塚さんが、「ガロ」に対抗して出した雑誌だと思われる。そこの中心人物であった真崎・守（峠あかね）に対して、「ガロ」を支持する「漫画主義」の人たちが、嫌悪したのは、自然な流れだったのかも知れない。

真崎・守は、淡々としながらも過激な人で、少年マガジンに書いたマンガが神奈川県教育委員会によって県内発禁処分を受けたことがあった。そのマンガには、少年が教師をナイフで刺すという表現があって、それを地元のPTAが問題にした。真崎・守は、教育委員会に呼ばれて詰問された。

「こんなマンガを描いて、子どもたちが真似をしたらどうするんですか！」

という怒りの攻撃に真崎・守は静かに答えた。

「表現者として、自分の表現で読者が行動してくれたとしたら、それは本望です」と。そのあとの状況は、推して知るべし。

僕は、70年代前半を真崎・守と共に生きた。真崎・守は、70年代の途中で、急速にブレーキをかけ、マスコミの流れとは違う局面に突入していったが、僕は、ことあるごとに真崎・守を訪ねた。真崎・守の実家である飛驒高山にも1975年頃に行ったことがある。その時は、僕の女房の小林裕子も一緒でお腹の中には長女がいた。真崎・守のお父さんは、謹厳そうな顔をした教育者だが、面白い人だ。その頃、実家の一角で食料品や雑貨を売っていた。店先で売っている、まるい豆腐に驚いた。豆腐が丸くて、中心にカラシが入っているのだ。崩しながら醬油をかけて食べる。これがうまい。水がおいしいからだろう。

親父さんが、突然、僕に語りかけてきた。
親父さん「この辺は、涼しいんだよ」
僕「そうですね」
親父さん「なんでか分かる?」

僕「山があるからじゃないですか」

親父さん「そうなんだよ、乗鞍（のりクーラー）岳と言ってね」

とんでもないギャグをかます親父さんに、何と答えて良いのか分からなくて沈黙した。その晩、宴会になって、お酒が回ってご機嫌になった僕は、

「親父さん、さっきののりクーラー、最高でしたよ、ぎゃははは」

と親父の頭を叩いたそうだ。


真崎・守は、本名「森柾」で、それを逆転して「真崎・守」となった。「・」は回転する軸として必要なのである。真崎・守もまた70年代という時代へ向けて疾走し、その後の活動は、豊かな広がりを見せた。売れっ子マンガ家のように作品を書きまくることはやめたが、僕は、真崎・守という存在を、自分の中の一つの基軸として生きてきた。

真崎・守は、1975年頃、それまでいつもつけていたサングラスを外し、名前から「・」も取るようになった。

それから十数年して、ある正月、僕は唐突に絵本のストーリーを思いついた。そのし

ばらく前に、僕の兄貴分みたいな存在だったテレビマンユニオンの村木良彦が主宰する「メディアワークショップ」に講師を頼まれて、いろいろ話した。その生徒にアリス館という児童書出版社の編集長がいて、講義が終わったあとに挨拶に来て「橘川さんは屁理屈がうまい。屁理屈のうまい人は児童文学にぴったりなので、書いてください」と言うのだ。それこそ屁理屈だと思うが、そんなの書く気も能力もないからと断ったのだが、突然、正月の暇な時間に思いついたのだ。

すぐに原稿を書いて、しばらくすると、久しぶりに真崎・守から電話があった。「最近は何してんの?」と言うから、「いやあ、今、物語を書いたとこなんですよ」と言うと、「すぐにそれ持ってこい!」となって、ひばりが丘に行って見せたら、「これ、俺が絵を描く」と言って描き始めてしまった。その後、僕の方からアリス館の編集長に連絡したら、発行してくれることになった。真崎・守の絵は、数週間であがって、僕の長い文章を少しも削らないで、すばらしい絵を描いてくれた。タイトルは『なぞのヘソ島』。人と人が出会って、一生のうち一つでも2人で作った作品が生まれたら、それは何よりも幸福なことである。

こないだ、久しぶりに、真崎・守と飯をしたときに、真崎・守に言われた。「橘川は

『なぞのヘソ島』

不思議な奴だなあ。40年近く付き合って、一度も『この野郎！』って思ったことがない。どんな関係だって、長くいれば、むかつくことが一つや二つあるものだが、それが全くない」と。とても嬉しかった。真崎・守の作品は、消えてしまったものもあるけれど、『ジロがゆく』などは、ずっと子どもたちに読んでもらいたいマンガだ。今は、たまたまネットで知り合った、最中義裕が作った「真崎守図書館」の運営を手伝っている。

第4章 全国販売

ロッキング・オンが全国販売になり、世界がぐっと広がってきた。ガキの遊びから大人社会に入って行く。

販売部数

ロッキング・オンは、創刊はしたが、販売については模索が続いていた。今の学生であれば、世の中の仕組みをそれなりに理解しているから、いろいろ始める前に事業計画を立てたり、出資を募ったりすることもあるのだろう。当時は、そんなことを考える学生はいなかった。まずやりたいものを作る、あとは、成り行きで動いていくしかない。

配本は、みんなで手分けして行った。チームを組んだり、個人で書店を回り、配置のお願いをし、次号が出来たら持参して、前回の本の精算をして売れ残りを引き取るというものだ。渋谷が講演時に冗談で「リヤカー引いて東京中回った」というのは、この時代の思い出だ。

僕のところに、ロッキング・オン創刊号から3号までの、僕が担当したエリアの配本リストと販売実績のメモが残っている。4号からは取次を通るので、こういうデータは不要になったが、最初は、手作りで管理していたのだ。僕の担当したエリアは山手線の内側で、新宿、四谷、早稲田、渋谷、神田、飯田橋、六本木、銀座、池袋である。他の地域は、他のメンバーが管理していたので分からないし、管理の方法も、統一的なものではなかった。

◇新宿のサブマリン（ロック喫茶）では、創刊号は１００部納品、2号も１００部納品、いずれも50部売れたと記録されている。3号は最初70部入れたが売り切れて追加20部を２回入れている。

◇新宿紀伊國屋では2号から入れている。１５０部入れて完売している。3号は２０0部入れて、１９７冊売れた。返本がほとんどない、ものすごい数字である。

◇新宿摸索舎（今もある、新宿外苑寄りの方のミニコミ書店。早稲田の五味正彦が70年くらいに立ち上げた）は1号と2号は30部入れて完売、3号は40部になっている。
◇新宿コタニレコード（新宿の伊勢丹の先の、今はマルイのビルになっているところにあった大きなレコード屋さん）は2号から10部入れて完売。3号からは20部納品。
◇四谷の文鳥堂書店（新道通りにあった橘川なじみの書店。法政出身の知り合いが当時バイトをやっていて、頼み込んだ）では創刊号10部納品して8部販売。2号は最初15部入れて完売後、10部追加して完売。3号は30部入れている。
◇四谷もっきりやは、10部入れたが、どうなったか分からない。
◇四谷のディスクチャートというロック喫茶では、2号から20部入れて半分くらい売れた。
◇早稲田の文献堂（古本屋さん）では、創刊号を10部入れたが売れなかったので2号は5部入れたら4部売れた。
◇早稲田の広文堂書店では、2号から20部入れて完売している。
◇渋谷のＢＹＧは20部入れて半分くらい売れた。
◇渋谷の大盛堂書店（昔、渋谷で一番大きな書店だった。今はセンター街に移転。軍人上がりの店主が経営して、地下にミリタリーショップがあるなどちょっと変わった書店だった）では、創刊号30部納品で完売、２号は70部入れて69部売れた。３号は１００部入れている。
◇国学院大学（橘川の母校）の生協では、10部入れて、７部ほど売れている。
◇渋谷の西武デパートのカミカ書店では、創刊号、２号とも10部入れて完売。３号は40部とってくれた。
◇神田のウニタでは、毎号10部くらい入れたが、あまり売れなかったようだ。
◇神田の書泉グランデ（今も現存するが、経営は、アニメイトの傘下になっている）では、創刊号30部入れて４部しか売れなかったが、２号は20部入れて16部売れた。３号は45部入れて完売。
◇神田の書泉ブックマート（同じく書泉グループ）は、創刊号は30部入れて12部販売。２号は40部入れて34部販売、３号は55部の配本となっている。
◇神田の石橋楽器は創刊号20部入れて完売。２号は40部入れて完売、３号は60部になっている。
◇飯田橋の法政大学生協では、創刊号30部入れて１部しか売れなかった。創刊号の発行は夏だったので、大学は夏休みで、キャンパスに学生がいなかった。
◇六本木の誠志堂は創刊号を扱ってくれなかった。２号は20部を入れて完売。３号は

30部納品。
◇銀座の山野楽器が創刊号5部入れて完売。2号から10部になった。
◇銀座のヤマハでは、創刊号20部入れて11部販売。2号は30部入れて17部販売。3号は50部納品した。
◇池袋の芳林堂（西口にあった池袋で一番大きかった書店。ビルの一番上に、高野書店という古本屋があって、そこの店主は、今の高野豊島区長）では創刊号20部入れて完売。2号は60部入れて56部販売。3号は100部になった。

その他、江古田や本郷など、置いてくれそうなところは全部回った。新宿紀伊國屋などの大きな書店は渋谷と一緒に交渉に行ったが、他のところは僕が一人で回った。岩谷宏はサラリーマンだったので、休日になると埼玉方面とか総武線沿線などを回っていた。世田谷方面は大久保宏たちが回っていた。松村は城南方面だ。だいたい、それぞれの自宅から近いところが担当エリアになって、僕の家が四谷だから山手線の中ということになったのだろう。

3号までの販売実績を分析すると、ロック喫茶やレコード屋が意外と売れなくて、書店での販売が抜群に良いということが見えてきた。新宿の紀伊國屋にしても渋谷の大盛堂書店にしても圧倒的な売れ方である。創刊当時は、ロック喫茶にたまっているロックファンが購読者だと思っていたが、実際はそうでもなかったというのが、予想外の反応であった。

それでも、創刊号から印刷部数は3000部であったが、店頭に並べることが出来るのは1000部が限界であった。それもスタッフが雑誌を担いで配達してまわるのである。交通費とジュースを飲んだら、売り上げも消えてしまうような小さな書店にまで配達しなければならない。しかも、納品書も請求書もはじめて触れるような連中がやっているのだから、おかしなことがいろいろ起こる。都心の書店では売れているが、郊外に行くと、5部納品して4部しか売れない、なんてことがよくある。薄っぺらい雑誌だから、棚に差し込まれたら、まず誰も立ち読みすらしてくれない。平積みされるほどの部数をとってくれるわけでもない。交通費を払って納品と請求に行き、もらえるのが1冊の売り上げ105円なんてことがあると、力が萎える。ある時、5部納品したと伝票にはあるのに、なぜかその書店には、6冊の在庫があるのだ。なんだか分からないが、現実にある。思わず、こちらが支払いをしなければならないのかとビビッたが、店長さんが、「大変だろう、売れるまで置いておいてあげるよ」と言ってくれて、その号は清算しなくて済んだ。おそらく納品する時に、数字を間違えたのだろう。

配本できなかった雑誌は、創刊号については渋谷の部屋に運びこまれたが、2号と3号は僕の部屋に山積みされた。このまま、ロッキング・オンの山に埋もれていくのかと思うと、暗たんたる思いになった。資金も足りず、もう限界であった。

取次

書店配本に苦労していたが、出版業界には「日販」「東販」(現在はトーハン)という大手取次(卸)があり、そこと契約出来ると全国の書店に配本出来るのだということを知っていたのは、30歳の岩谷宏だけだった。そして、岩谷宏が日販と東販の窓口に出かけ、取次口座開設の交渉に行った。しかし、これははっきり言って失敗であった。岩谷宏に取次との交渉の結果を聞くと、「あいつらはダメだ」というばかりで怒りまくっている。いろいろ探ってみると、どうやら岩谷宏は、いつもの調子で、取次の窓口で、ロックのすばらしさと新しさを淡々と力説して、「だから取り扱わなければダメだ」という態度で臨んだらしい。

渋谷がこういった。

「どうも、岩谷さん、取次の窓口で、君と友だちになりたいんだ、と言ったみたいだぜ。それじゃあ、口座なんか取れっこないから、オレたちで交渉に行こう」

かくして、渋谷と僕とでお茶の水の日販に出向いた。今はきれいな高層ビルになっているが、当時は、田舎の中学校の校舎のような木造でオンボロな建物であった。雑誌の交渉窓口は、まるで職員室のような雰囲気だった。僕のところに残っていた創刊号から3号までの販売実績リストを持って、交渉に向かった。実際に、紀伊國屋では200部とってくれているし、大盛堂では100部、書泉でも50部くらいとってくれていて、ほとんど完売だったという実績を示して、交渉を開始した。日販では相手にしてくれず、窓口の人に、雑誌は東販に行くとよいと教えられた。

取次の口座開設のために、同じ時期に創刊した「ぴあ」は、教文館社長の中村義治さんのような強力な推薦人を見つけたが、僕らにはそういう後見人を探すという発想はなかった。とにかく、ぶつかってみることしか出来なかった。

当時の日販はどちらかというと部屋も乱雑で、担当者も神田村の親父という感じだったが、東販の方は小奇麗なオフィスで、担当者もさわやかなサラリーマン然としていた。東販のビルは飯田橋から歩いて20分ぐらいあるので、暑い日や寒い日、雨の日などは、黙々と歩くしかなかった。地下鉄の有楽町線は、工事が始まったばかりの頃だ。最初は断られたが、三度、四度と通って、ようやく口座開設に持ち込めた。

東販の担当者が言ったことを覚えている。「君たち、口座を開設したからには、約束の発売日に間に合うように必ず納品してくださいよ。1冊や2冊の雑誌を作るのは簡単だけど、出し続けるというのは大変なことですから」

僕らは学生の集まりであったし、会社でもなかった。今から考えれば、とんでもない状態であるが、なぜか当時は、それでも取次の口座が開設されたのである。それも今では考えられないが「雑誌コード」である。「雑誌コード」というのはなかなか取れなくて、それだけで千万単位の価値があると言われている。

不思議な時代だった。取次が僕たちに持った不安は、こちらの体制が出来ていないので、途中でやめてしまうか、内部破綻してしまうのではないかということだろう。そういう実例をたくさん見ている、というような顔をしていた。あとで聞いたところでは、当時、「ニューミュージック・マガジン」（NMM）が売れ行きを伸ばしていて、ロック雑誌はいけるという認識が取次の側にあったようだ。ロッキング・オンはNMMに反発し、否定して作られたようなところがあるが、口座が開設できたのは、NMMのおかげだったのかもしれない。

しかし、仕入れの掛け率とか歩戻し（返品手数料）など、こちらとしてはわけの分からない用語ばかりが出てきて、取次の言いなりで契約をしてしまった。僕らとしては、それが取引をする時の一般的な条件だと思ったからである。その後、業界のことが分かってくると、掛け率も取引条件も、出版社によって大きな格差があることが見えてきた。古い出版社は好条件で新参者は劣悪な条件であることに、渋谷は激怒した。ロッキング・オンが売れ出して、その勢いにのって、取次に掛け率変更を求め、それを認めさせたのは、相当時間がたってからである（これは出版業界のことを知っている人なら、相当に凄いことだと分かる。渋谷の押しの強さと交渉力ははんぱない）。

もともと戦前は、取次はたくさんあった。出版社自身が取次機能を持つところが多く、神田村と呼ばれていた神保町のすずらん通りの裏側あたりには、小さな取次がたくさん集まっていた。戦争中に、言論統制をするために中小の取次店を集約した「日配」という管理組織が出来た。国家の意志に反した書籍は、検閲され危険な発言には墨で伏せ字にさせられた。それを実施するためには、取次がたくさんあっては効率が悪いからである。戦後、その組織から分かれて東販と日販という企業組織が出来た。東販の方が会社申請がわずかに早かったために、地方の大書店は、東販系列が先に押さえた。そういう業界の常識を知るのは、ずっと先である。

口座開設が決まって、渋谷と東販近くの喫茶店でお茶を飲んでいた。東販に行った時は、必ず、東販のすぐ先にある喫茶店でお茶をした。そこには、背広にネクタイ姿の出版社の営業の人たちがいつもたまっていたが、こちらは、長髪で目だけギラギラした異様な若者である。取次の契約開始は、なんとなく充足感があったが、不安もあった。資金をどうするのか、内容はどうするのか、これまでは隔月刊といったって、平気で遅らせることが出来たし、実際は季刊のようになっていた。しかし、今度からは隔月刊で必ず取次に搬入しなければならない。体制を一体どうするんだ、という不安はあったが、渋谷も僕も、楽観的な方なので、「なんとかなるだろう」と、笑っていた。

東販に口座が開設されたので、その事実を日販に伝えると、日販は無条件で口座を開設してくれた。雑誌の口座は東販が管理しているようである。関西地区の書店に強い大阪屋というのもあるらしいぞ、ということで、そこにも行って口座を開設してもらった。栗田や鈴木や協和など、取れるところは全部とった。いよいよ、創刊4号から、全国一斉発売のロッキング・オンがスタートするのである。しかし、この時、渋谷も僕も学生だった。

写植

僕は大学を卒業できなくて5年目を迎えていた。もともと勉強はできなかったし、なによりも、単語を覚えたり文法を覚えたりすることが、どうしても生理的になじまなくて、卒業は最初から諦めていた。僕の大学生活は、ただ学生の身分を確保しながら、いろんな大学のバリケードを回ったり、さまざまなアルバイトをしながら社会勉強に励んでいたのである。今のように「フリーター」という存在がなかったので、学生という立場の保証が必要であった。さまざまな世界でさまざまな人間と関係を結んできた。

大学のクラスメートの神谷は、「アリスとテレス」という小説を書いたが、その「テレス」は僕がモデルになっている。とにかく神出鬼没で、同時刻に複数の場所に出没しているようだ、というような記述があった。神谷は、ある朝、東京湾で溺死体として発見された。海を見に行くと家を出て、そのまま帰らなかった。事故なのか自死なのか、原因は分からなかった。

渋谷はロッキング・オンで食うんだ、ということを何度も力説した。リアリティは全くなかったが、方向性としては明快であった。そのためにはまず現在のロッキング・オンを持続させなければならない。アルバイト生活にも限度がある。どうせ仕事するなら、ロッキング・オンの発行に関係のある仕事をしようということになり、ロッキング・オンで一番困っている印刷費用を軽減するために写植を覚えることにした。

そもそも写植という存在を知ったのは、ロッキング・オンを創刊する時に、飯田橋の写植屋に原稿を届けたことから始まる。東販の裏手あたりにあるマンションの一室に、秘密工房のような写植屋があった。鉄骨剝き出しの「3RY」という大型写植機が置いてあって、暗室の定着液の酢酸の匂いが漂っていた。そこで、渋谷と2人で、はじめて写植版下というものを見た。

僕は親父に頼んで、日暮里にある久野写植という会社を紹介してもらい、修行に行くことになった。写植というのは、ガラスにのせられたフィルムの文字盤があって、それを移動しながら目的の文字にあわせてシャッターを押すと、その文字が写真機の要領で印画紙に投影されるというものである。その組み合わせで文章を印字していく。印字し終わると、暗室に入り、ドラムの中の印画紙を現像する。僕は中学時代は写真部でモノクロ写真の現像に馴染んでいたので、割とスムースに写植技術をマスターした。とはいっても、不定期だが、1年近くは日暮里の写植屋に通って、さまざまなノウハウを取得した。

写植屋の仕事は労働時間も長く辛かった。朝から晩まで、文字原稿を印字し続けるのである。それでも仕事が終わると新宿ゴールデン街に向かい、酒を飲む日が続いた。酒はもともと強くないが、新宿までの定期券を買って、通った。

22歳の頃である。大学に在籍しながらロッキング・オンを編集し、写植屋で修行しつつ、毎晩、新宿の喧騒の中で、酒と女と、とるに足らない争いの中でのたうちまわっていた。その頃の僕は、ロッキング・オンの仲間よりは、新宿ゴールデン街の飲み仲間とのコミュニティの方が密接であった。１９７０年から74年ぐらいまでのゴールデン街は、集まる人間の多様さにおいて、まさに黄金期であった。

ビートルズat武道館

ロッキング・オン3号は、表紙に「ビートルズを葬り去るために」と書かれてあるが、別に、そういう特集があったわけではない。渋谷がそういうコピーを入れろ、と言っただけである。ビートルズは僕らの世代にとっては、巨大な存在であったが、すでに完成の域になっていて、この大きな権威を突き抜けていかなければ、新しい音楽は作れないという、渋谷の未来志向で、反権威主義の思いが込められていたのだろう。

僕がビートルズの出現に立ち会ったのは中学生の時である。頭と心にしっかりと残るメロディライン、電気装置で増幅されたパワー、そして何より、そのかっこよさ。ビートルズは他人事のアーティストではなく、僕らより少し年長で、僕らの世代とつながっている「兄貴分」のような気がした。僕は、はじめて書店で「ミュージック・ライフ」を購入していた。

しかし、当時の大人たちの反応は「ビートルズは頭のイカレタ不良」というものであった。そういう評価があふれていたからこそ、逆に憧れたのかも知れない。ただ、普通の中学生である僕は、大っぴらに学校でビートルズ談義などしたことがない。おそらくファンたちは、それぞれが、危ない誘惑としてビートルズを受け取り、個人的に楽しんでいたのではないか。

僕が中学3年の時に、親父がやっていた町工場の印刷屋が倒産し、家を売却してアパート暮らしになった。麹町4丁目の交差点のすぐ裏側。麹町といえばお屋敷街だが、どこにでも下町のアパートがあった。交差点のところには戦後の闇市のような市場があって、今では信じられないだろうが麴町にも庶民の生活臭があった。

四谷には、母方の両親や兄弟が住んでいて、麴町には別に、芸者をやっていたおばさんがいた。自動車会社の専務のお妾さんで、黒板塀に囲まれた家は、長火鉢があり、三味線が立てかけてあった。おばさんは、九段芸者の三味線のお師匠さんをやっていて、九段上にあった検番によく遊びに行っていた。戦争でバラバラになっていた親戚が四谷を中心に集まっていた。よく親戚が集まって、花札大会などをやっていた。

ビートルズが来日して武道館でコンサートをやったのは1966年6月。僕は16歳だった。当時はライブやコンサートは、普通の学生が行くものではなく、ウェスタンカーニバルやグループサウンズのライブハウスはあったにせよ、そちらも普通はまず行かない。でもビートルズが来るという。見に行きたいと思ったが、チケットの購入方法も分からないし、だいたいコンサートなんて行ったことない。そして、いよいよコンサートの当日になった。

武道館は、僕が住んでいた麴町から歩いていける。部屋でそわそわしていたが、思い切って武道館に行ってみることにした。そうしたら、僕と同じように、チケットもないのに会場にやってきた若者が大勢いたのだ。地方から来たのだろう若い女の子たちが門のところで守衛に「通して！」「ひと目、ポールを見たいの！」と叫んでいる。その横をチケットを持った人たちが中に入っていく。松村は、どういう筋からなのかチケットを手に入れて見たそうだ。僕は、そういう人たちを羨ましげに見ているしかなかった。

そのうち、武道館から、どわあという歓声が聞こえてきた。コンサートがはじまったのだ。中に入れない女の子たちは、泣きわめいていたが、どうしようもない。このまま、コンサートが終わるまで、武道館の歓声を遠くで聞いていても意味が無い。

ふと、麴町のある日本テレビのことを思い出した。当時は、日本テレビの社屋にはテレビ塔が立っていて、遊びに行くと鉄塔の上までエレベータで登れたりした。そして、正面玄関のところに、大きな街頭テレビがあったはずだ。そして、その日は、テレビでビートルズを放送するはずだったのだ。僕は、武道館の門の前で騒いだり泣いたりしている人たちに向かって、大声を出した。「みんな、ここにいても仕方がない。近くに日本テレビがあるから、そこのテレビでビートルズを見よう！」と叫んだ。そして「行く人はついてきてくれ」と、日本テレビの方向に歩き出した。

日本テレビの前では、すでに街頭テレビを見ている人もいたが、僕が連れてきた人たちも、画面に向かって、「キャー、ポール」「ジョン、素敵！」と叫んでいた。

人生で唯一のチャンスだった、ビートルズのライブを生で見ることは出来なかったけれど、それなりに、僕の「ビートルズ来日」は、記憶に残る一日となった。

デビッド・ボウイ

2号で、僕がデザインを担当したので、そのまま3号も僕がやることになった。なんと本誌にはアートディレクターと書いてある。表紙は、当時、僕のメンターであった漫画家の真崎・守に頼んだ。もちろんノーギャラである。真崎・守に頼むと、笑顔で了解してくれた。あがってきたイラストは、緑色の宇宙の穴ぽこから、回転する球体が飛び出してくるものであった。１９７３年冬号である。

目次は以下。

眩惑のおとしまえ　岩谷宏
ロンドンからの頼り　Mami 洋子
アビイ・ロードへの裏通り　松村雄策
薄氷を踏む部屋薄氷を踏むと時ー空　小林竜雄
私のロック　田島昌代
TAPESTRY 試論　大久保宏
訳詩　ジギー・スターダスト　岩谷宏
愛するということ　中島康信
さけび　橘川幸夫
ロック学概論　小松晴男
With lave to ELTON JOHNE　加藤道子
シカゴ大批判　岩谷宏
きみの手は誰の手袋　荻野真理
Crimson Lizard Vol.2　丹下雅之
ブルース・ロック　小泉英二
アリス・クーパー試論3　渋谷陽一

「ロッキング・オン」3号

大久保宏の早稲田大学の友人である小林竜雄が参加してきた。池袋の肉屋のせがれである。その後、放送作家になって、城戸賞も受賞した。やけにこむずかしい用語を使う男であった。田島昌代は、青山学院大学の学生で投稿者だ。

3号は、僕にとってもインパクトのある号であった。表紙が真崎・守ということもあるし、岩谷宏がデビッド・ボウイに出会ったということも大きな事件であった。ジギー・スターダストが発売になって、岩谷、渋谷は、そのキリキリした音楽スタイルに衝撃を受けていた。岩谷宏の過激さが、デビッド・ボウイの登場によって、一段と加速がついた。読者の中にも、岩谷信者みたいなのが出てきたし、反発する感情もロッキング・オンの内外に出てくるようになった。僕も、岩谷宏のスタイルにはついていけない面もあったが、岩谷宏の書く言葉の一つ一つは、魅力的であることは疑いなかった。

しかし、経済的にも物理的にも、今のような同人雑誌的スタイルでは限界であった。なんとか突破口を見つけない限り自滅してしまう。会議などは重い雰囲気になることが多かった。最初の頃の大勢の集まりではなく、少数の集まりになっていった。いろいろ内部の方向性に対する矛盾も出てきた。渋谷陽一は「ロック雑誌として完成度の高いものを作って、業界で勝ち抜く」という意志が鮮明にあった。岩谷宏は、「ロックのもつ本質的な意味を認識して、同じ認識の仲間とつながる」みたいなロック本質論者であった。

四谷駅前の「論」という喫茶店で深夜まで渋谷、岩谷、橘川で方向性についての論争を続けたことがあった。渋谷陽一の、ある意味では商業主義的な思考に、岩谷宏が反発していた。岩谷宏が先に帰り、渋谷と僕が残ったが、渋谷は「どうしようかなぁ、岩谷さんの能力は認めるんだがなぁ」と嘆いた。その時、渋谷は「岩谷さんとこんだけ喧嘩して、なんで岩谷さん辞めないいんだろうと考えたんだけど、やはり、これまでかなりのお金を出してきてるからじゃないか」と言った。その時は「それは違うだろう、渋谷！」と思って、渋谷をぶん殴りそうになった。別な局面では岩谷宏をぶん殴ろうと思ったこともあったが、実際は、そういうことはなかった。それぞれが、相手への愛情と殺意がからみあっていたような、不思議な人間関係だったと思う。

僕の立場は複雑であった。2号を編集して、僕は、ロッキング・オンについては編集者の立場で現場の作業を支えていこうと思っていた。親父が印刷をやっていたこともあり、印刷屋までのパイプになればよいと思っていた。岩谷宏は、そういう僕の態度に不満であった。

「橋川は何なのだ、ロッキング・オンのスタッフなのか、印刷屋なのか」と問い詰められた。

そして、こうも言われた。

「橋川は、もっと本気で原稿を書くべきだ、おまえは出し惜しみしている、ケチだ」と。

さまざまな内部矛盾と対立を内包しながら、しかし、確実にロッキング・オンの動きは広がりつつあった。

裂美《さけび》

ロッキング・オン3号（1972年冬号）に掲載された僕の原稿。23歳。ジャニス・ジョプリン論であり、少し遅れた彼女への追悼文である。時代も僕の人生も不透明で昏い闇の中であった。こういう文章がロッキング・オンに掲載されていたことは、今の読者からは想像はつかないかも知れないが、ロックとは、時代と個人のからみあいであり葛藤であるという思いは、この頃から僕にとっては、変わらない。

裂美
Rockin' on No.3

　私たちは日常の沼でひたすら増殖しつつある自らの声にもならない叫び声を懸命に抑圧しながら生きている。この途方もなく曖昧で不測な発酵しつつある内的意志から、外側の殻を保守する為に、欺いたり、威嚇したり、なだめたり、あらゆる手段《てだて》を強いている。自身の裡で叫び声はやがて確固たる狂気の円柱として峻立するだろう。その過程は最早、時間が指し示す距離を踏み外している。しかし現実の肉体として在る私は決して私自身を越境する事は出来ず、時間の矢も必ず墜ちるだろう。私はひたすら叫びの意志を育みつつ、だがしかし遂に現実の〈さけび〉は瞬間である、一回性である、という畏怖に制御されている。〈叫ばねばならぬ〉という衝迫と〈叫んではならぬ〉という圧迫が万力の両側面のように私を重たく挟み込み、あらゆる発想と意味の葛藤の渦に、たゆたう。私は絶望し恐怖し予感する。電話帳を調べ、横断橋を渡り、他人に道を尋ねている、私の日常の動作の薄い膜を突き破るようにして、吃水線を越える瞬間の〈さけび〉が私を引き裂くであろう、と。叫び声とは畏らく裂び声なのであって、それは引き千切るような、つまり強姦されそうな衣服の焦操音ではなくて、あたかもスルメイカのように重たい直線なのだ。

　ジャニスは〈歌手〉という職業を望む事によって自己の内面に秘む混濁とした狂気を表現する契機を与えられたが、それは、望む事によって、与えられた事によって、幸と不幸といった相対論の枠を越えて一つの確実な〈不幸〉を背負う事に他ならなかった。ジャニスは自らを裁断する自らの声に懸命に耐えていた。よく耐え得るほどにジャニスという女は強かった。あまりに強かった。強すぎた。だからジャニスの叫び声はますますラジカルにならざるを得なかった。ジャニスの声は決して〈野獣のように吠えている〉のではない。何かの対象があってそれに向かってコミュニケーションしたいが為に叫んでいるのではない。呼んでいるのではないのだ。ジョンが虚空（ヨーコ）に向けて一生懸命に呼んでいるものを、ジャニスは希求し、それ以上に本能的なまでに絶望していた。その声は自分の内側へ向うしかなかった。

どうか、私の愛を受け取って
いやなら私をひとりにしておいて
——Move Over

ジャニスを論じるのに詞を云々するのは私の発想ではないが、ここには男と女の関係の辛い車輪に疲れ果てた一人の投げやりな居直りがある。中途半端な愛を許さないジャニスの強さがある。歌謡曲風に言うと〈しょせん他人と知りました〉というあのふてくされたリアリズムの認識に他ならない。〈その純情に偽りがなく、故につねに別離を思ってゐねばならぬやうな女であった。その多情が空極の純情の如くにも見える〉と書いたのは、無数の男を愛した和泉式部を語った保田與重郎である。ジャニスが人一倍に奔放であったのは、ジャニスが人一倍に辛かったからであるという事は、自明に思われる。諦めていながらも、求めなければならないという自己矛盾によって、ジャニスは更に自らを裂いたのである。

叫びの直接性とは葛藤の直接性である。叫びの源泉は私たちの日常の諸矛盾であるが、ジャニスは単に、苦しいから叫んでいる、といったような自分自身に対して甘ったれた人間ではなかった。私は私の耳（へんけん）を信じるならば、ジャニスは、苦しいよお？と訴えているのではなく、どうしようもなく横溢してくる〈さけび〉を懸命に、抑圧、しているのだ。だからこそジャニスはブルースなのだ。

もし私たちの時代に私たちのブルースがあるとしたら、それは苦しみを発散する事ではない。もとよりブルースとは慰安ではない。ジャニスは歌う事によって真の安らぎを得た訳ではないだろう。救いをそこに求めてもそれは真の救済とはならなかった。サザン・コンフォートもジャニスの苦しみを曖昧にする事はあっても、解決ではなかった。ジャニスにしたって、日常にあっては〈さけび〉を奪われている無告の個でしかなかったのだから。

私たちは、この苦しみを語ってはならないと思う。この苦しみから語らなければならないのだ。ブルースとは抑圧と斗う為の自己抑圧なのだから。私たちは表現者が少しも傷ついていない表現では少しも傷つく事は出来ない。ジャニスの歌い様を誰が真似ようと、ジャニスの生き様を真似する事にはならない。〈本当に観客を泣かす為には役者は泣いてはならない〉というこざかしい嘘を私は信用しないし、そういう虚構にのめり込んで泣ける程ウブではないのだ。私たちが表現から受ける感動には必ず表現者の血肉が生贄にされており、そこから表現者の残酷である事を想い知るべきなのである。

私にとってロックというのは、何を言ってんだか解んないけど何を言いたいのかはすごく良く分るというあのアジテーションのようなコミュニケーションなのだ。逆に言えば、何を言ってるかが問題ではない。何を言いたいのかが問題なのだ。だから詞は二の次。〈CRY　BABY〉のそのように、あたかも木ねじを肉体にねじ込ませるようなジャニスの声を聴いただけで、ジャニスがあの笑い顔の仮面の裏で、どのような表情をしているのか分る。それが分るという事の意味だ。

例えば佐佐木幸綱が言うように歌とは〈しらべ〉ではなく〈ひびき〉である。水平の連体性ではなく、垂直に個を突き刺す。叫びは止揚された歌であり歌は止揚された声であり声は止揚された音であり音は即ち個的人間と世界との接触である。関係性である。ジャニスは関係の密林でメチャクチャに傷ついた自らの肉体の〈音〉を急激な速度で叫びへと持っていった。

だが私はジャニスのように叫ぶ事は出来ないだろう。実は良く把握してないが、まず、これだけは確認しておこう。男にとって、私にとって、狂人とは、気が狂った者ではなく、気が狂わなければならないと思い続けている者なのだ。

女は気が狂うことが出来ない。何故なら既に狂っているのだから。ジャニスの叫びは、そんじょそこらの男よりよっぽど意識的であるが、やはり、本能であり本物であるからこそ私は、ジャニスのように叫ぶ事は出来ない。それは多分、女は〈時間〉を所有している、生殖という永劫回路を胎内に所有している、といった問題になるのだろうが、それは発想だけで語れる問題ではなさそうである。

最近の意識的と思われる世界中の男性達が、懸命に女の叫び声を欲しがっているという事態は、すごく共感できるのだが、結局そのような事ではらちがあきそうもない。

歌が正に〈訴え〉である時ならともかく、訴える対象の何もなく、訴えるという行為にも結果にも、根底的に絶望している時、私たちはどのようにして歌う事が可能であろうか。

もしかして〈さけび〉とは最早〈歌〉ではないのかも知れぬ。それは既に訴えではなく、焦りでもなく、居直りでもなく、誇示でもなく、要求でもなく、懇願でもなく、悲鳴でもなく、〈　〉ですらもない。〈さけび〉は沈黙の溶世界から発せられたにもかかわらず、沈黙と対峙し、遂に現実の溶世界を一瞬にして凍原と化し氷海に向かって疾走する亀裂なのだ。

私の〈さけび〉に対する解釈は、その一回性という事に比重を置いている。つまり叫んだその後の世界が何ら変わらないとしても、無関係であり、興味も責任も感じない。ゴウマンに言い放ってしまえば、私が叫ぶのではなく私が叫びとならなければならないのだ。

私たちは、ある地点に立たされており、霧深い前方には何やら巨大な恐怖と安楽が待ち受けている。叫ぶとはつまりこの崖を飛び降りる事であり、叫んだ後には〈私〉というシステムは破壊されてしかるべきである。それは断言の崖だ。〈さけび〉とは全自己史を凝縮した断言である。この崖こそが私たちのバニシングポイントであり、生涯の反歌の一瞬である。〈断言〉する事、もうこれ以上のどのような発想も、思考も、感情も、認めないという球体の意志を発射する事。つまり正直になるという事。それは今の私にとって許し得ないものとしての悪である。真剣であるという事と正直であるという事は違うのだ。よく解らない事を言い切るとは嘘をつく事であり、ますます何が何だか解らなくなって来たこの曖昧な現実に対して、何事かを語るという事自体、最早、虚語を語る事以外ではない。本気で嘘をつくという事だけが私には私に忠実な姿である。喋れば喋る程私たちの饒舌な言葉から意味がすり抜けて行き、ロックの音が巨大になればなるほど私たち自身は沈黙の沼に沈んで行くという事実と同じ事である。

ジャニスは4年間しか歌わなかった、という驚異は、ジャニスは4年間も歌い続けた、という驚異に置き換えるべきである。持続という言葉は持続し得なかった者に対して言われるべきだ。持続とは、静止した観念を床の間に飾り続けるという事ではなく、絶え間のない、耐えようのない、精神の深まりに他ならない。持続とは決して持続など出来っこない荷物を背負いつつ歩き出す事だ。そういう意味では私は最早、大江健三郎のような奴らには何も言うべき事はない。持続する志にとって、持続できてしまった事は屈辱以外の何事であろうか。

ジャニスは〈もうジャニス・ジョプリンという名前には飽き飽きだわ。これからはパールと呼んで〉と言ったように、ジャニス・ジョプリンという存在を嫌悪し、パールと呼ばれる事を喜んでいた。それは、ジャニス・ジョプリンという生身の女からパールという仮構への異常な自己変革の意識過程であり、その結果、ジャニス・ジョプリンという存在（にくたい）はパールという存在（いしき）に殺されてしまった。殺らなければ殺られるのだ。しかし、日々を一生懸命死んでいる者にとって現実の死とは、自らを変容させ得る可能性としての一契機に過ぎない。ジャニスは決して覚める事のない眠りに入った。だが、ジャニスは昨日も、一昨日の夜もそのようにして眠りに入って行ったのである。

この苦しみからも、その苦しみからも何も新しいものなど生れはしない。新しく生れて来るように見えるものは、新しい衣装をまとった古典的存在でしかない。新しいものとは既に古くなりつつあるものなのだから。それはそれで良いのだ。

歌手というものは死んだら忘れられるものなのだ、というおもいがしきりにして仕様がない。

第5章 創刊4人組

ロッキング・オンは、渋谷陽一、岩谷宏、松村雄策、橘川幸夫のバンドであった。1対1の関係が複雑にからみあったバンドである。

渋谷陽一と橘川幸夫

人には、自分に似た顔を持つ人間が3人いる、と言われている。顔は全く違うが、僕は渋谷陽一に、何か宿命的なものを感じていた。岩谷宏と渋谷が対立している時、思想的には岩谷宏に惹かれていながら、渋谷陽一の方法論になぜか惹かれていることもあった。岩谷宏が戦っているものが何なのかよく分かっていたが、同時に、渋谷が戦っているものが何なのかも分かってしまったのだ。

僕はたくさんの人と出会ってきたが、渋谷陽一に対する奇妙な同意と反発は、他に感じることのないものである。何か、コインの裏表のようなものと感じる。渋谷と僕は、同じ新宿区に生まれ育ったが、渋谷の家は両親がインテリで金持ちであったのに対して、僕は下町の庶民の子どもであった。しかし、お互い弟がいて、両方とも13歳の差がある二人兄弟であった。13歳まで、一人っ子ということになる。二人とも、頭の良いカミさんを選んで、そのカミさんの弟は二人とも東大生だった。渋谷のカミさんの弟は、国際弁護士になって、日本のＩＴ企業の権利確保の仕事をしている。一度、僕の事務所に来たことがあるが、誠実そうな男であった。うちのカミさんの弟は、筑波の建築研究所に入り、「定期借地権住宅」というコンセプトを開発し、建築学会賞をとった。今は千葉大学の教授である。

まあ、義弟にまつわるたいしたことのない偶然だが、僕がなんとなく宿命を感じるのは渋谷以外にいない。ただし、生きることの方法論は全く違う。渋谷は自分の城を築いて世界を相手に戦う方法論であるが、僕は世界に単独で飛び込んで、小さな組織でゲリラ戦術を得意とする。カストロとゲバラのような違いなのかも知れない。

ロッキング・オンにはたくさんの読者投稿が集まってきたが、その対応も全く違っていた。渋谷は原稿を読むと「こいつのここは駄目だ」と指摘するのだが、僕は「こいつのここは良い」と良い所の方に目が行く。そうやって、トータルな判断で、投稿の採否が決まっていった。

四谷での渋谷と岩谷宏の議論があってから、編集会議みたいなものは行われなくなった。僕は、創刊から約10年間、ロッキング・オンに関わるのだが、その間に、全員が集まっての編集会議というものはなかったような気がする。それをやれば、ロッキング・オンは崩壊するということが分かっていたからだろう。雑誌の中で、それぞれがそれぞれの方向を目指すという、奇妙な対立を同居させたまま、編集作業が行われていた。

ラインで位置づけると、一番左側に岩谷宏がいて、その右横に僕がいる。僕の更に右横に渋谷がいて、その右横に松村がいるという感じだろうか。僕は、岩谷宏の思想と、渋谷の現実主義の間にいて、両方の意見を聞く立場で調整していたのだと思う。でも、一番、長い時間を共有したのは松村なのだが。

僕も岩谷宏もロッキング・オンから離れ、20年してから渋谷と会った時に、渋谷が言った言葉がある。「橘川な、ロッキング・オンに集まる人間なんて、岩谷宏の時代から、もう変な奴ばかりで、ロッキング・オンの経営なんて、そうやって集まってきた奴を、なだめたり突き放したりして、なんとか前へ進ませていくことなんだよ。あの頃は、おまえがいたけど、今は、それを俺一人でやってんだぞ」と。今はどうなのかは分からないけど、僕と岩谷宏が抜けた80年代でも、安定的な生活を求めてロッキング・オンに入社したがる人なんていなかっただろう。

今考えるとよく分かる。70年代のロッキング・オンは、営利を目的とした企業組織ではなかったのだ。ビジネスを指向する渋谷の考え方も、リズムのひとつだった。それは、異質な人材を集めて、それぞれのワガママを個性として表現し、全体でハーモニーを奏でるロック・バンドだったのだと思う。そこからスタートしたロッキング・オンは、渋谷が本格的な事業体に育てあげたが、本質は、スタッフという人材によるバンド活動なんだと思う。

ロッキング・オン3号の時代は、僕は23歳の大学生、渋谷陽一は20歳、岩谷宏は30歳を超えたぐらいだろう。異質な個性と方法論が、対立しつつ結ばれていた。

そうそう、以前に渋谷と「ツェッペリンの復活のように、70年代の渋谷、岩谷、松村、橘川で一冊ロッキング・オンを作って、若い奴らにガツンとかましてやりたいな」と話していたことがあったっけ。

四谷の町と岩谷宏

1972年に初めて会った頃の岩谷宏は、新宿区・四谷・曙橋の下のところにある木造アパートに住んでいた。戦後の焼け跡のバラックを20年後に解体して、新しく建て直したような、今からすると貧弱だが、当時としては普通に新しいアパートだ。鉄の階段を上

左から渋谷、橘川、松村

がった2階の部屋だ。

僕は四谷生まれの四谷育ちなので、その周辺は、僕の中学校の友人がたくさん住んでいるところだ。僕らは、深夜、岩谷宏の部屋で麻雀をよくやっていた。メンツは、新宿のロック喫茶であるサブマリンにたむろしている連中や、僕の大学の友人とか、中学生の頃に知り合い高校生になっていた麴町中学全共闘の古沢正夫とかである。ある時、徹夜で麻雀をやっていたら、隣の部屋から怒声が聞こえ、泣き声に変わった。なんとなく聞こえてきた会話の断片から想像すると、どうやら、隣人はオカマらしくて、母親が来て「世間に恥ずかしいから、こんなことやめておくれ」と懇願しているようであった。僕らは、とりたてて気にするわけでもなく、麻雀を続けていた。なにかの時に「隣人の騒音に文句を言う奴は田舎者で、東京に住む資格はない」と岩谷宏が言っていた。

当時、このあたりは新宿で働くオカマが大勢住んでいた。オカマだけではなくて、レズビアンも、普通の水商売の女性も多かった。僕は、学生時代に、四谷・坂町の門松商店という燃料屋でバイトをしていたことがある。夏は氷を、冬は灯油をスナックなどに配達する仕事だ。今のような製氷機がなくて、店の大型の冷蔵庫にある氷を社長が小分けにのこぎりで切断して、それを軽自動車で荒木町あたりの飲食店に運ぶ。店が開店する前に運ぶので、入り口の前に置いていくことが多い。秋に、麴町の女子高とかで文化祭とかがあると、氷の注文が入って、届けに行くこともある。重たい氷を持って学校の階段を登るのは一苦労だった。麴町は、お屋敷町なので氷屋はほとんどなかったのだろうが、新宿から四谷にかけては、飲食店が多いので、氷の需要も多かった。店ごとに、なわばりみたいなものが出来ていて、それぞれの氷屋が仕切っていた。ある時、門松商店のなわばりの店に、新宿の方の氷屋が営業をかけて客を取ってしまったことがあり、怒った社員が殴り込みをかけるのでバイトの皆も一緒に来い、みたいな話になって焦った。これは、社長同士の話し合いでことが済んだようだ。戦後のアナーキーな東京に、少しずつ商圏が確立し、利権が生まれていた時代である。

門松商店は、それとは別に引越し屋も兼業していて、依頼が来ると引越しの助手に駆り出される。夏場などは毎日勤務していたこともあるが、引っ越しなどは専業ではないので、たまに依頼が入ると、自宅からも歩いていける距離だったので、電話で呼び出されるのである。この頃は、自宅にも電話が入っていた。中学生ぐらいまでは、自宅には電話はなく、近所の雑貨屋さんが取り次いでくれた。つまり、誰かから雑貨屋さんに電話があり、雑貨屋さんのおばさんが自宅まで呼びに来てくれて、雑貨屋さんに行って電話を受けるのである。だから、電話というのは、とても大事な用件のある時にしかかかってこなかったし、かけることもなかった。また、そうした地域の日常的な助け合い関係が、地域の具体的なつながりになっていた。電話の取り次ぎももちろん無料であり、雑貨屋のおばさんも、面倒くさい顔をすることもなかった。各家庭に電話が入ることになり、隣近所の呼び出しがなくなっていくに連れて、地域の関係性は希薄になっていった。それと、当時は電話は都内であれば1通話7円の固定料金だった。だから、電話の呼び出しに時間をかけても問題はなかった。電話が時間単位の「時分制」になったのは1972年だが、その時の電電公社のキャンペーンはひどいもので「女性の公衆電話が長電話なので時分制にします」というものだった。電話は便利になったのに、長電話にお金がかかるのはずいぶんと逆進化だなと感じたことがある。今は、ネット電話があるが。

オカマの引越しも何度かやったことがある。大柄で筋肉もりもりなオカマなのに「私、重たいの持てないの、お願いね」などと言うので、どういう顔で反応して良いのか分からない。大きなタンスを運んでいたら、階段のところでバランスを崩し、倒してしまった。そしたら、中から女性用の下着が道端に広がってしまい、猛烈な勢いで恥ずかしがるオカマに、こっぴどく叱られたことがあった。また、レズビアンの集るバーも何軒かあって、外側からは普通の町並みなのだが、不思議な倒錯の匂いのする町であった。

岩谷宏は、福岡高校を出て京都大学を卒業した。卒論はランボーであり、ランボーが詩人を廃業して、アフリカ商人になった時代のビジネス文書とか私信などを分析したということを聞いたことがある。何を話題にしても、とてつもない知識量があることは分かるが、部屋には本棚はなく、雑誌以外に本のようなものはほとんどなかった。壁には天地真理のポスターが貼ってあった。すべてを吸収して、すべてを捨ててしまったのだろうと思った。

僕らと会う前だが、1970年に、岩谷宏は「朝日ジャーナル」の懸賞論文コンテストで入賞した。「音楽は生活をどのように変えるか」というタイトルだった。読んだことがあるが、その後、ロッキング・オンで書いていたものと同じような雰囲気だった。1973年頃、朝日ジャーナルの担当者だった人と、岩谷宏と、僕との3人で飲んでいたことがあった。岩谷宏は、「入賞というのが気にいらなかったなぁ。特選か落選でないとな」と真面目な顔をして言っていた。

岩谷宏は、あらゆる意味でのラジカリスト（根源追求者）であった。ロックというのは鑑賞したりするものではなくて、自分の存在がメタクタに「やられて」しまうものだ、という発想から、ロックの意味を外側から分析したり能書きを言う連中には容赦がなかった。新宿のロック喫茶である「サブマリン」で、普通の若いロックファンと論争して、相手を泣かすまで論理で追い詰めることもあった。しかも、激情することなく、淡々と。「割れ裂けよ」というのが、当時の岩谷宏のメッセージをよく表す言葉だった。古い、固定的な観念や思考を、ロックの音量で砕けさせよ、という風に受け取った。

岩谷宏のラジカリズムは、間違いなく70年代初期のロックの高揚と一体化していた。ロッキング・オンのスタッフや読者は、振り回されながらも、危ういけれど確かな新しい価値観を感じていた。僕はそれまで、吉本隆明とか谷川雁とか平岡正明などに時代の先行者の気配を感じていたが、岩谷宏は、それまでの日本の文化的文脈とは全く別の地点から現れたような気がした。ずば抜けて頭がよく、同時に駄々っ子であった。彼が70年代に書いた文章は、今でも、素晴らしいと思えるフレーズがたくさんある。まるで、

70年代のロックミュージシャンの歌詞のフレーズのように。彼の翻訳したロックの歌詞は、単なる直訳でも、自分勝手な意訳でもなく、本質を突いた言葉として、ロックそのものを言葉で伝えてきた。あまりに独自であまりに刺激的なので、無条件に評価する人間と、生理的に拒絶する人間とに、極端に分れていった。

また、現在、多くのライターは、文節を1行空きにして短く書くことが主流のようになっているが、70年代の岩谷宏は、このスタイルで一貫していた。僕も、いつの間にかそれを真似して、文節をユニットのようにして書くことをはじめた。文節と文節の間の空白に、大きな意味があるのだ。80年に単行本を出して、依頼原稿を書く時にも、この方式で通したが、ほとんどの古い編集者は、1行空きのところに「トル、ツメル」の赤字を入れて、この形式を許さなかった。書籍でこの方式を始めたのは岩谷宏が最初だと思っている。

岩谷宏と真崎・守

70年代前半から半ばにかけて、つまり20歳から25歳くらいまで、僕は、自分より10歳年上の2人の時代的天才と付き合っていた。真崎・守と岩谷宏は、極端に異質な存在であった。真崎・守は僕にとって「肯定の権化」で、真崎・守と会っていると全てが許されるような暖かさを感じた。僕が何か言うと、すごく喜んでくれた。逆に岩谷宏は「否定の権化」で、緊張感と冷酷さを感じさせていて、僕が何を言っても、徹底的に否定された。この2人の間で、僕は、否定と肯定のやじろべえのように、揺れつづけてきた。

なにしろ、この2人は、ものを見る視点が全く違う。例えば「ピンク・フロイド」について、真崎・守は、ドラッグ的な全てを包み込む音楽性を評価し、岩谷宏は「マネー」に見られるような、明晰な批判力を評価するという風に、同じものでも全く違う話をする。

僕が、何かをしたり言ったりすると、岩谷宏が「それはだめだ」と徹底的に攻撃してきて、しおれていると、真崎・守が「いや、キッカワ、それはいいぞいいぞ」と持ち上げてくれる。それで有頂天になっていると、また岩谷宏が冷や水を浴びせる、という具合だった。それはもうジェットコースターのように、自分の内部の思考や感情が揺さぶられた。

若い時代というのは、自分を圧倒するものが眼の前に出現すると、無条件で心酔し、神格化してしまうところがある。人の好きになり方が極端なことが若いということなのかも知れない。往々にして、そのように好きになった人は、自分の熱が醒めてくると、今度は憎悪に近い感情に陥る。ずいぶんと自分勝手なものだ。僕は20代の前半に、2人の対極にある存在に、それぞれ心酔したことが幸運だと思っている。対極のメンターがいることで、価値のバランス感覚を学んだ。

ネット社会を見ていると、あるものを全面的に否定するものは、あるものを全面的に肯定している。だが、人間はそうではないのだと思う。他人の内部には、肯定出来るものもあれば否定すべきものもある。それらを合わせ抱きしめて、人は人と付き合うのだ。そういう普通の感覚を、ジェットコースターの中で学んだのだと思う。

この2人を会わせたことは、ついになかった。真崎・守も「岩谷宏というのは、どうも違うぞ」と言っていたし、岩谷宏も「真崎・守はダメだ」と言っていた。しかし、一度だけ岩谷宏が「真崎・守の、ロッキング・オン3号の表紙のイラストは、良かった」

と言った時は、とても嬉しかったことを覚えている。

松村雄策

ロッキング・オン創刊の頃の会議に松村雄策はあまりいなかったように思う。松村は、「オレは無視されて、他の3人で決めてた」と今では言っているが、僕の記憶では松村は約束の時間にいつも現れなかったのである。タイムスで打ち合わせをやっているのに、2時間も3時間も遅れてやってくるので、松村が来た頃には、だいたい話し合いは終わっているのだ。

ある時、また遅刻してきた松村に渋谷が怒って、「おまえ、どういうつもりなんだよ」と責め立てた。すると松村は、「いや、三鷹から予定通りに電車に乗ったのだが、ついたのがこの時間なんだよ。どう考えても分からないのだが、時間が2時間ばかり消えてしまったみたいなんだ」と言った。一同、唖然として、怒る気にもならなくなった。

若い頃というのは、どうしても時間をうまくコントロールできないものである。僕も学生時代は同じようなものであった。山崎浩一というライターがいるが、彼も学生時代から時間にはルーズで、原稿の締め切りを守らない男であった。1978年ぐらいに山崎と会って、付き合いはじめると、なんだか松村を思い出したことがあった。今のライターは、みんな原稿の締め切りをちゃんと守るが、昔の松村や山崎は、平気で遅れた。しかし、原稿の締め切りを守るのが、良いライターであるということではないのだと、僕は思っている。というか、昔の編集者にとって「良いライター」とは良い文章を書く人」だったが、今は、それ以上に「締め切りを守るのが良いライター」になっているのではないか。野坂昭如なんかは、締め切り守らないで飲んだくれていたが、それでも、そういう野坂昭如にどうしても原稿を書かせたい編集者がいたのだ。

松村は大森の山王に生まれて、父親は早く亡くなり母親と兄貴の3人で暮らしていたが、ロッキング・オンの創刊の頃は三鷹あたりでアパート暮らしをしながら、バンド活動をやっていた。父親は、喧嘩が強かったらしい。ボクシングで白井義雄が、日本人初の世界チャンピオンになった時、リングの上で白井さんを肩車をしているのが松村の親父であると聞いたことがある。ロッキング・オン4人組は、橘川も岩谷宏も小柄であり、松村だけが背が高く、バンド活動もしていて、肉体労働者のように精悍であった。

松村は創刊号で「アビイ・ロードへの裏通り」を書いている。その中で、ロッキング・オンが続く限りビートルズについて書き続ける、と書いている。アビイ・ロードへの裏通りは、ものすごく長く続いた連載記事であろう。思想的な岩谷宏、ビジネス的な渋谷陽一、文学的な橘川幸夫と、それぞれが続けていた「連載」には、ある意味では思考的な営為が中心にあるが、松村だけは、ビートルズ・ファンであるという「実感」を大切にしてきたのだと思う。岩谷、渋谷、松村、橘川の、この不思議な組み合わせは、ソウルイートという時代の触媒が生み出した、不思議な関係性のグループであった。

第6章 市販雑誌

ロッキング・オンを出すことで、新しい仲間も増えてきた。5号までは長い道のりであった。

市販雑誌

4号によって、ロッキング・オンは初めて取次店を経由して全国一般書店での販売ということになった。今、考えてみれば、72年の8月に創刊して、73年4月号からは全国販売なのだから、上出来の部類であろう。しかし、創刊号から4号までの期間は、ものすごく長かったような気がする。ほとんどそれから3年の間に匹敵する長さだ。内容的にも体制的にも、長くて暗いトンネルのようであった。

4号は新たな創刊だった。表紙は銀色の特色をバックに使い、デビッド・ボウイのモノクロ写真が中央にあるだけのシンプルなものだが、僕には印象が強い。デザインしたのは福田修という、僕の国学院高校時代の友人で、2人でよく丹沢方面に山登りに行っていた。高校を卒業するとアメリカの大学に入り、最初は経済学を専攻したが、途中でデザインに興味を持ち、デザイン系の大学に転校して、アメリカ人と結婚した。

彼の実家は代々木上原にあって、下町の僕の家とは違い、上品な家柄で、お母さんは俳人で、福田もハンサムだった。代々木上原の駅から彼の家に向かう途中の夕焼けの景色は、僕が好きな東京の空ベスト3のうちの一つだ。ある時、彼の家に遊びに行った時に、当時としてはもう珍しいバキュームカーとすれ違った。昔は、トイレは水洗便所ではなくて、くみ取り式で、バキュームカーが各家から排泄物を吸い取っていった。東京オリンピックを契機に、都心では水洗便所が普及してきたのだ。過ぎ去っていく、糞尿の匂いをまき散らすバキュームカーについて、福田が話してくれた。

「この辺はみんな水洗便所になったんだけど、一軒だけ、くみ取り式に固執している家があって、それが、小沢昭一の家なんだよ」

「小沢昭一って、ハーモニカの好きなおじさん？」
「そうそう、役者のね」

なんとなく、さすがだと思った。僕たちは水洗便所が当たり前に便利だと思っていたが、そういうことではないと思う人がいるということが軽く衝撃であった。それから30年して、僕は『やきそばパンの逆襲』（河出書房新社）という小説を書いたのだが、その時のテーマの一つが、水洗便所である。くみ取り式から水洗になってから、人間のうんこは大地の畑に帰らず、川を経て海に流れるようになった。世界規模で普及したら、世界の環境を根本的に変えてしまうだろうと。台所の生ゴミを下水に流してはいけないというのに、うんこは良いというのは矛盾している。その時、思い出していたのは、小沢昭一の心である。

それから10年くらい後（１９８2年ぐらい）に、講談社の編集者だった内田勝が、「週刊現代」の若い新人編集者を、恵比寿の橋川幸夫事務所に連れてきたことがある。その人が、小沢昭一の息子で小沢一郎という。政治家と同姓同名ですが、他人です。その後、交流はなかったけれど、小沢一郎は講談社で『五体不満足』を超ベストセラーに仕上げた編集者として有名になった。

福田は、73年ぐらいに帰国して、眼鏡のデザインなどをやっていたが、やがて英語学校の教師になって、現在は翻訳の仕事をしている。

ロッキング・オン4号の目次は以下である。

「ロッキング・オン」4号

マークへのグチだ！　小川桃淑子
アビイ・ロードへの裏通り　松村雄策
ハンブルパイ方向　加部燎子
ロックに関する短い短いくりごと　日野原幼紀
訳詞　イエス　危機　Mami洋子
みじかい文章だから読んでください　丹下満里子
紫の淵にて　ディープ・パープル賛歌　渋谷陽一
デビッド・ボウイ論「個人」とは何か　岩谷宏

この号から、僕も一部の写植を打っている。投稿もだいぶ増えて、僕は編集と写植に没頭していたので原稿を書いていない。実際は、原稿が集まり過ぎて、自分の原稿は降ろしたのだ。岩谷宏が猛烈な勢いで、次々に原稿を持ってきて、それが、どれも素晴らしいものだったので、掲載を優先させたかった。自分の原稿は載っていないが、この号は、ものすごく愛着のある号である。全国販売という、ひとつのハードルを越えたからだろうか、編集制作全般にかかわりはじめたからだろうか、集まった投稿を整理する仕事が楽しくて仕方なかった。タイトルだけ見ていても、なんとなく、これからのロッキング・オンの方向性が見えてくる。

アリス・クーパーの訳詩をした大久保賢一は、大久保宏の兄貴で、その後、映画評論家として活躍している。丹下満里子は16歳の高校生で、学生から社会人まで、幅広い層からの投稿が集まってくるようになった。なんだか、投稿者の一人ひとりの顔が見えてきたのが、とても嬉しく、興奮するものであった。

渋谷が上村一夫のまんが「同棲時代」をレビューしている。渋谷がロック以外の原稿を書いたのが僕は嬉しかった。僕はロッキング・オンを音楽専門誌ではなくサブカルチャー誌にしたかったのだ。渋谷は10代の時に同棲生活を経験していて、彼女が生活のために水商売をして、雨の降る日に傘を持って待ってるみたいな、まるで上村一夫の世界のようなことを体験していたから、レビューする気になったのだろう。渋谷にしては珍しくセンチメンタルな文章だった。渋谷の「カルフォルニアの肥った空」というタイトルは、僕がつけた。

「ロックに関する短い短いくりごと　日野原幼紀」という原稿がある。日野原幼紀は、当時、シンガソングライターで、その後、大貫妙子らと交流があり、音楽業界やテレビの世界で活躍された人だ。当時は、四谷の「Disc Chart」というロック喫茶の店長で、ロッキング・オンに広告を出してくれた。僕が原稿をもらいにいったが、ロック好きで、話し好きの人だった。どうしているかと、ネットで検索したら、お亡くなりになっていた。あれから、40数年、当時の関係者も、すでに不在の人も多いだろう。

滑川海彦

5号より値上げしている。それまで150円だったものが180円に。渋谷区神南にあった井戸ビルの事務所は、岩谷宏が勤めていた会社の社長の好意で無償で借りていたのだが、その会社の社長さんは良い人だったのだろう、会社は倒産して追い出された。岩谷宏は八丁堀の別の会社に移るのだが、そこの会社の社長さんも良い人で、またもや、岩谷宏について行って編集部もそこになった。子連れならぬ編集部連れのサラリーマンである。僕は八丁堀の事務所の記憶がほとんどないのだが、この頃寄稿の常連となっていた滑川海彦の記憶だと、こうである。

5号が出るか出ないかのうちに井戸ビルの居候先の会社が潰れる。編集部はまたも岩谷さんの勤め先の会社に居候した。場所は八丁堀の裏通りだった。ビルではなく、昭和残俠伝とかに出てきそうな木造の2階建で、床磨きのワックスの匂いがいつもしていた。事務所のドアは木枠に曇りガラスをはめ、金文字で社名がなんとか書いてあった。その社名を覚えていない、のではなくて、始めから社名なんか一度も読まなかったと思う。そもそもどんな会社だったかもまったく気にかけていなかった。恩知らずな話である。

この木造事務所で記憶に残っているのはＮＨＫラジオの取材を受けたことだ。渋谷、松村雄策、それに私ではなかっただろうか？　私は創刊同人でもないし、たまたま居合わせたということだったに違いない。録音に使ったのは小型オープンリールのテープレコーダーでデンスケという愛称だった。すでにだいぶ使い古された貫禄のある機械だったからナグラ Type3 だったかもしれない。デンスケの本物を見たのは後にも先にもこれ一度だ。

八丁堀ではすぐにまた近所に引越した。どんなビルだったか覚えていない。近所にまたまた勤労福祉会館があってそこの食堂でドリアをよく食べた。

「ある会社が借金を肩代わりしてＲＯを買収したいと言ってきてるんだ」と渋谷が横断歩道で信号待ちしながら言ったのを覚えている。ＲＯの資金繰りがいちばん苦しかったのがこの頃だったのではないだろうか？

（滑川海彦／アーリー・ロッキング・オン・メモリーズ）

そして、居候していた八丁堀の会社も、社長さんが良い人だったからかどうか分からないが倒産する。今度は仕方なく赤羽の方の渋谷の母方の実家関係に居候することになる。この頃、僕は写植の会社を起業していたので、編集部にはほとんどいってない。原稿の台割を渋谷と打ち合わせして、あとは集まってくる原稿を整理して版下にするだけだ。赤羽の編集部の記憶も、滑川にお願いしよう。

またまた会社が潰れたのか、仏の顔も三度までさすがに断られたのか、八丁堀の2箇所目の居候も追い出されることになり、続いて編集部が転がりこんだのは田端だった。田端の山手線の東側に山手と下町を隔てる崖が走っている。駅を出て跨線橋を渡り、細い坂を上ると崖の上に閉店した喫茶店があって、短時間だがそこが編集部だった。

しかしすぐにそこにもいられなくなって北区岩淵町に流れて行った。赤羽駅からバスで数分、歩くと15分くらい。もう少しで荒川の河川敷に出るあたりだ。どうして赤羽かというと、渋谷陽一の母上の実家がこのあたりの大地主だからだった。叔父さんの一人は優に小学校くらいの敷地がある幼稚園を経営していたし、その続きの土地で別の叔父さんが駐車場と喫茶店をやっていた。この叔父さんというのがいろいろ気の多い人物で、喫茶店を止めてテレホン情報サービスなるビジネスを始めようとしていた。その喫茶店に転がりこんだわけだ。ついでに小遣い稼ぎに幼稚園を借りて塾を始めた。これは半年ぐらい続いたのではないだろうか？

（滑川海彦／アーリー・ロッキング・オン・メモリーズ）

滑川海彦は1972年に東大法学部に入学して、見田宗介のゼミに入っていた。しかし、大学よりもロック喫茶でふらふらしている方が好きな学生だったようだ。たまたまロッキング・オンをみつけて投稿してきた。滑川の説明を聞こう。

ロッキング・オンを見つけたのは今は亡き池袋西口の芳林堂書店の本店だった。当時、神保町かいわい以外では新宿の紀伊國屋、渋谷の大盛堂とならぶ大型書店だった。たしか今のビックカメラのあたりではなかったかと思う。２００３年に閉店しているようだが、ジュンク堂との競争に敗れたのだろう。大型店といっても間口のひどく狭い鉛筆ビルだったからやむをえないところだ。

1階の突き当たりに委託販売コーナーがあって同人誌、ミニコミ誌が置いてあった。そこにロッキング・オンの3号が平積みになっていた。緑一色のイラストで、地球だか惑星だかなにか丸い物体が描いてあったような気がする。ちょっと読んでみると、主要執筆者らしい連中がそろっていかにもインテリっぽい小難しい理屈をこねていたので大いに気に入った。ロックというとバカの聞くものだという雰囲気があったから「そんなことないぜ」と大いに心強く感じた。

そこでなにか投稿したのだが、何を書いたかまったく覚えていない。その後渋谷陽一から事務所に遊びに来いと誘いがあった。電話だったか郵便だったか覚えていない。当時住んでいた寮（東京学生会館）は管理室から館内放送で呼び出す電話だったから、郵便だったのではないかと思う。

（滑川海彦／アーリー・ロッキング・オン・メモリーズ）

滑川の住んでいた学生寮は西武新宿線の下落合の駅前にあり、僕が写植屋をやっていた東中野とも近く、滑川の寮にも何度か遊びに行った。渋谷の目白の家からも近かった。岩淵町で渋谷が学習塾をやったのも東大生の滑川がいたからではないか。

こうして、新しい読者が仲間になったり去って行ったりする流動的な編集部が時代を走って行く。

印刷屋

ロッキング・オンの5号は用紙が厚い。僕の父親に渋谷と2人で印刷のイロハをいろいろと教えてもらった。頁数は8か16の倍数にするというような出版の基本的なことさえも知らない素人出版社であった。56頁くらいの薄い雑誌だったので、書店の棚に並べると、だんだんおじぎしてくる。渋谷がなんとかならないかと親父に相談して、紙の斤量をあげようということになった。厚みは増したが頁を開きにくくなり不評だったので、この号だけである。

親父は、新宿の小滝橋に小さな印刷工場を持っていた。親父の会社は高度成長の時代の流れの中で、笹舟のように翻弄されていた。最初に倒産したのは僕が高校生の時だったが、その後、何度も復活しては倒産した。最後に友人と作ったのは「エイト企画」という会社だが、それは親父が7回会社に失敗して8度目の会社だったからなのだが、パートナーの友人は「よい名前だ」と喜んでいた。

5号の奥付を見ると、「サニー美術印刷」とある。印刷のトラブルの思い出はいろいろある。雑誌コードの番号を僕が写植を打ち間違えて、印刷してしまったことが二度ほどあった。いずれも取次から電話があって、「雑誌コード間違えてますよ。このままだとお宅の雑誌の売上は他の会社に行っちゃうよ」と言われて、あわてて何人かと取次の倉庫に行った。一度は親父がシール印刷してくれたので、それを全冊貼ったが、一度は間に合わなくてマジックで間違っている雑誌コードを消した。まだバーコードがなかった時代である。書店はレジでＩＳＢＮの番号を打って販売管理をしていたのだろう。紐で梱包してある雑誌の紐を切って、一冊ずつの雑誌コードを消したり、シールを貼ったりして、また紐で結び直すのが大変だった。学生時代に製本工場でアルバイトしたことがあって、その時は、機械で60冊ずつに紐掛けをしたが、倉庫なので、そのような機械はない。手作業で、すべてをやらなければならなかった。初期は、誤字誤植がとても多かった。編集部にいた人間に校正させたりしたが、校正する人間も素人ばかりだったのだ。

5号の編集後記に、僕の、こんな文章が載っている。

編集作業人+写植工員からの伝言

毎度のことながら、誤字脱字の多い雑誌でありましてすみません。どうも。不愉快になられた執筆者・読者のみなさんには、ただただ申し訳がありません。努力いたしますので、ハイ。ついで、といってはなんですが、てめえら、ちったあ、ていねいに書けよ。あんたらの書いたら書きっぱなしの原稿を解読したりリライトする身にもなってみろってんだい。そこでお願いがあるのですけれども、原稿は原稿用紙を（なるたけ20字×10行）を17字×10行という形で使ってください。句読点などは全て一字分、行頭に「、。」がこない、行末に「がこないなどという事はいたって原則的に。貴方の可能な限り読みやすい字でお願いします。必ずタテ書きであるという事をお忘れなく。

5号まで来た

5号の表紙には苦い記憶がある。表紙のイラストは真崎・守にお願いした。それは懐中時計が激流にもまれている絵で、素晴らしいものだった。その絵を下敷きにして、ディープ・パープルの写真を切り抜いて、本文のタイトルをちりばめた。しかし、どうやっても素人の僕がデザインしたのだから、様になるわけがない。折角の真崎・守の絵を汚してしまったのではないかと、たまらなくなった。真崎・守は、怒ることはなかったけれど、「ああ、大好きな人に、失礼なことをしてしまった」と、随分と落ち込んだ。

5号の制作クレジットを見ると、以下になっている。

表紙　真崎・守+橘川幸夫
写真　菅谷和典、松本憲行、斎藤陽一
絵　　山像求　嘉陽美弥子

編集　橘川幸夫

写真の菅谷は僕の大学の友人だ。大学卒業後、映画の世界に進んだはずだが、今は音信がない。斎藤陽一は、岩谷宏の仕事仲間で、ロッキング・オンの専属カメラマンとして、その後、70年代のミュージシャンをたくさん撮った。あとはよく分からない。誰かの友人か、投稿されたものだろう。

内容もバラエティに富んできた。読者からの投稿が増えてきたからだ。

訳詞　ハンキィ・ドリー　岩谷宏
ウェストコーストへの挽歌　滑川海彦
ヤーブルーズ　西田伸
風景のロック　松尾克典
行為者の貌　大久保宏
ユーライアヒープ・コンサート　岩谷宏
書評　アウトローブルース　小林竜彦
書評　ジャズからの挨拶　滑川海彦
勝手にしやがって下さい　上木雅人
他者　岩谷宏

「ロッキング・オン」5号

ELP'S graverside すみたしらふ
さけび ＝ 橘川幸夫
ミスターマンへの手紙 斎藤久美
ゲットバック デビッド・ボウイ Mami 洋子
いやだこんなの！ 斎藤洋
大評論家 岩谷宏様 S・仮魔
PAIN（痛み） 岩谷宏
訳詞 ほぼ限りない宇宙 岩谷宏
アリス・クーパー試論 渋谷陽一

レコード評
ハンブルパイ〈イートイット〉大久保直
デビッド・ボウイ〈スペース・オディティ〉岩谷宏
デレク・アンド・ドミノス・イン・コンサート 滑川海彦
デュアン・オールマン〈偉大なる遺産〉大久保宏
モットザフープル〈ロックンロールの復活〉Mami 洋子
シルバーヘッド 岩谷宏
スティービーワンダー〈トォーキングブック〉大久保宏
シルバーヘッド 橘川幸夫

実に多様というか、何がなんだか分からない。岩谷宏は、とにかく猛烈に書きまくって原稿を持ってくる。それが素晴らしい原稿なので、僕はなるべく載せたかった。あまりに影響力があるので、一部で岩谷教みたいなファンが発生し、同時に、アンチ岩谷宏も出てきた。それだけ突出していたということだろう。

特に岩谷宏のロックの訳詞は、単独で読んでも素晴らしい言語表現であったが、原詩にも忠実であった。ただ正確に翻訳するというのではなく、その言葉に込められた思いを、もしかしたらミュージシャン自身よりも、深く、読み手に訴えるものがあった。

今、目次を見ても、6割ぐらいしか書いた人の顔が浮かばない。あとは投稿者だろう。レコード評は、短いものだが、渋谷が対レコード会社への営業のために、レコードをもらってきて、スタッフにレビューを割り当てた。シルバーヘッドが2本あるのは、僕が割り当てられたのだが、岩谷宏が自主的に書いてきてしまったからだろう。

新宿ゴールデン街

70年から75年にかけて、新宿ゴールデン街は、ある絶頂期だったと思う。酒と女と暴力の日々を、たくさんの人間がくぐりぬけた。当時のゴールデン街は、3分の1が暴力バーで、3分の1がオカマバーで、残りの3分の1が安くて良い店だと言われていたので、そういう店をはしごするのだ。

　僕は、四谷「もっきりや」の友人たちに連れられて、「もっさん」「小茶」からゴールデン街に入った。一番の拠点は「淵」で、マスターの岩淵英樹は、日大全共闘のメンバーであり、当時、爆弾事件の容疑者として逮捕されていて、留守の店は、カズエさんという女性がやっていた。カズエさんは大らかな女性で、荒くれの酔っ払いたちを、うまくあしらっていた。そこで知り合った客に連れられて、ゴールデン街の別の店に行くことによって、あちこちの店に拠点が出来てきた。ゴールデン街に行けば、数軒ははしごしていかなければ義理が果たせないという雰囲気になっていた。

　6時くらいに小茶に行くと、まだおばちゃんが、にしめの支度をしていて、僕らは近所の氷屋の自動販売機で氷を買ってきて、ウイスキーを飲み始める。おばちゃんの作る料理はどれもボリュームがあって、マグロのぶつ切りでも玉子焼きでも凄い量で、しかも安い。おにぎりなんて、どんぶり飯ぐらいの大きさだ。2階が、旧青線時代の「ちょいの間」になっていて、2畳ほどの畳の部屋だ。1人か2人の場合は下のカウンターに座り、大勢の場合は2階に行く。おばちゃんが作る玉子焼きは、ネギをたっぷりいれ菜箸で卵をかき回しながら焼く。ふっくらとおいしい玉子焼きになる。話してる分には優しいおばちゃんなのだが、2階の窓から小便した奴などがいると半端ではない怒り方をして、出入り禁止を言い渡されていた。小茶が入れないときは、とりあえず淵に行き、そこを拠点に、「むささび」「桂」「ひしょう」「吐夢」などを回る。むささびの店主であった、おみっちゃんが、風林会館の裏手にキャバレーの大箱を借りて「ゴールデンゲイト」を開いてからは、最終的には、ゴールデン街で飲んでいた連中は、ここに集まることになった。ここのダンスホールで踊りまくる夜が多かった。最終電車に乗り遅れると、新宿駅の東口にある「五十鈴」という、ばあさんだけがやっている飲み屋で始発が出るのを待ったりする人も多かった。

平凡出版（現マガジンハウス）で「平凡パンチ」の土佐という編集者と知り合い、彼が国学院高校の先輩だったこともあり、よく連れられて他の店に行った。会った頃、僕は貧乏学生だったので、土佐さんがいつもおごってくれた。「比丘尼《びくに》」は、店長が美人の若い2人の女性だったこともあり、いつも混んでいた。1人は、フジテレビのOLだったのをやめた人で、その後、下北沢で有名な「LADY JANE」というJAZZバーを開いた。もう1人は偶然にも国学院大学の映画研究会の、大学のマドンナみたいな先輩だった。「比丘尼」でワタリというニックネームの男と知り合い、彼とはいろんな店に行った。

淵は2階にあって、満員の時はよく階段で飲んでいる人もいた。階下は「ラジャー」というオカマバーだった。ラジャさんという名前の長身のオカマがいて、ここも巡回コースだった。店内はピンクの照明で、大きなボーリングのピンが置かれていて、それが男性のシンボルを暗示していた。ラジャさんは、古くから新宿で店をやっていて、「昔は米国の兵隊さんのお客が多かったのよお」と言っていた。

淵にセーラー服を何十着も持ちこみ、その日来た客に着せたり、客全員でキスしたり、なんかはちゃめちゃな毎日だった。セーラー服を来て、みんなで他の店を廻ったりもした。ある店で、役者の常田富士男がいて、初対面で、いきなり「君は僕の初恋の人にそっくりだ」と言われた。

役者の山谷初男とは、酒場でよく遭遇した。通称ハッポンだ。お互い名刺交換するわけではないから、僕は、『八月の濡れた砂』の名脇役としてのハッポンは知っているが、先方は僕のことなど知らない。ある日の昼間、たまたま新宿の雑踏で、向こうから歩いてきたハッポンと遭遇した。僕がニヤッと笑うと、いきなり両肩をつかまれ、じっと見つめられて「僕は、君の名前を覚えてない。だけど、君の眼は覚えているよ」と言われた。あれは口説かれたのだろうか。

いろんな男と女にめぐり合った。とにかく毎日、何かの事件があり、いつ行っても飽きない町だった。

5号の僕の原稿にこんな文章がある。

「僕はいまだにお酒が弱くて、ウイスキーの2、3杯も飲むと、はしゃぎだす方だが、深夜の新宿に居る機会は多い」

1973年の夜は、ほとんど毎日のように新宿にいた。いつものようにゴールデン街のはしごをして、ゴールデンゲイトに行く。僕はその店ですぐに上半身を脱いで踊っていた。とにかくウイスキーを飲みつつ、延々と踊るのだ。ある時、酒が全く飲めない渋谷を何かのきっかけでこの店に連れてきたことがあるが、僕がツェッペリンのステア・

ウェイ・トゥ・ヘブンで踊っているのを見て、「おまえ、この曲で踊れるのかよ」と驚いていたことがあった。

酒に弱いくせに、だらだらと飲み続ける癖があり、酩酊すると、キス魔になったり、更に進むと、嚙み付いた。誰彼見境なく嚙み付いたようである。あるサラリーマンは背広の背中から嚙み付かれて歯型が残って、あとでカミさんともめたことがあったらしい。それ以来一時、僕のあだ名は「歯型もりお」となった。当時流行っていた、赤色エレジーのあがた森魚のダジャレだ。

その日は、たまたま客が少なくて、学生っぽい女の子が1人と大勢の仲間の男たちがグループで飲んでた。酔っ払っていたから、そ

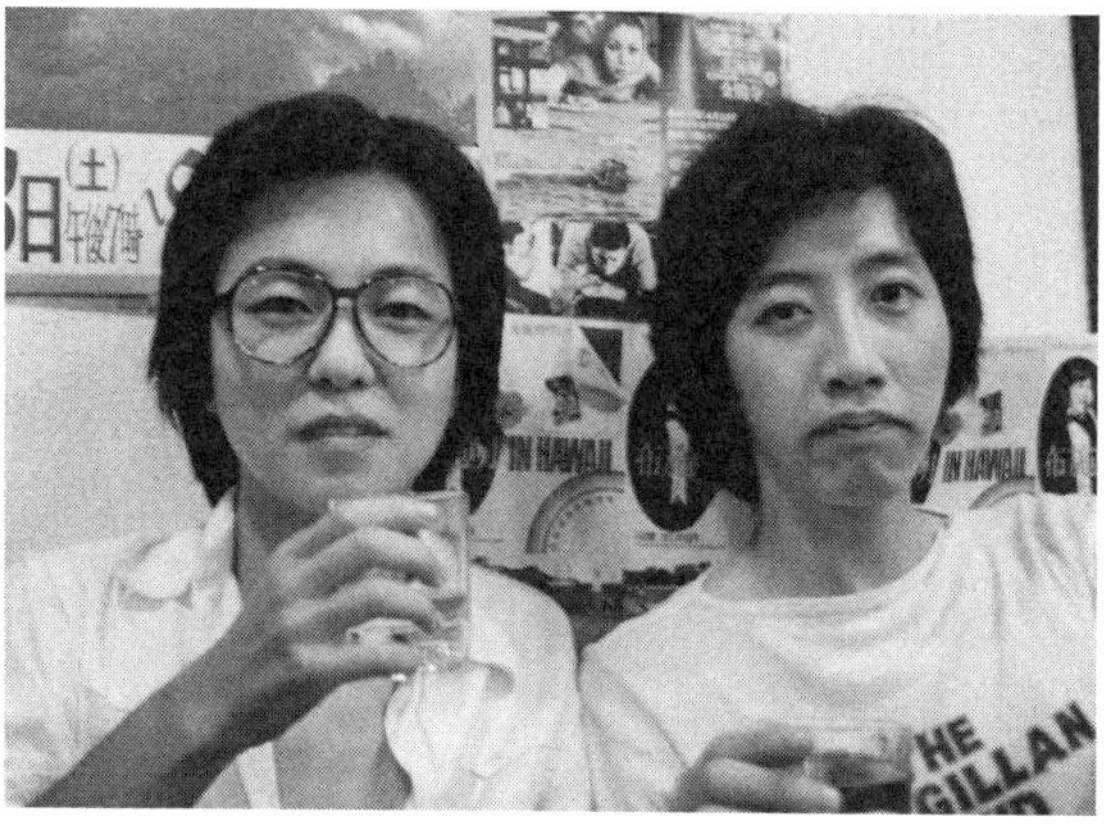

ゴールデン街で、橘川と松村

の女の子に声かけて、踊らないかと誘い、一緒に踊った。夜毎、いろんな出会いがあり、いろんな事件があった日々だ。

それから一週間ぐらいして、新宿駅の構内で、見たことのある女の子とすれ違った。「あれ？」と思ったら、向こうも「あれ？」という顔をしている。よく見ると、こないだゴールデンゲイトで踊った子だ。名前も連絡先も聞いていなかったが、偶然、会ったので、そのままゴールデンゲイトへ行くことにした。その前にゴールデン街をはしごしたかも知れない。僕よりはるかに酒が強い。

その夜のゴーテルデンゲイトは客があふれていた。２００人のキャパが一杯になっていた。狭い場所に座って飲んでいると、後ろの席でただごとではない音がした。見ると、映画監督の長谷川和彦（ゴジ）と俳優の山谷初男（ハッポン）が喧嘩している。理由はなんだか分からないが２人共酔っ払って足元がよれよれなのに、殴りあっている。倒れたハッポンが他の客の背中にぶつかって、ぶつけられた男が「なんだ、この野郎」と参戦して、ほとんどドタバタ喜劇のように、喧嘩が連鎖して、そこいら中で喧嘩がはじまってしまった。僕は彼女に「避難、避難」と声をかけ、安全な入り口の方に逃げて喧嘩を見ていた。しばらく騒動は続いたが、店主のおみっちゃんが「はーい、みんな楽しんだでしょ！　もうおしまい！」と大声をかけたら、一気に喧嘩は収まった。机やテーブルがひどいことになっていたが、客たちが片づけはじめた。僕らは、そのまま店を出た。もう最終電車もなく、東中野の僕の事務所に向かった。小林裕子とそれから現在まで、一緒に過ごすことになる。うちのかみさんである。

おみっちゃんは、ゴールデン街では伝説の女性で、最初「むささび」という店をやっていて、僕は常連だった。そのあと「ひしょう」を作って「ゴールデンゲイト」を作って、いきなりブラジルに行き、アマゾン流域で、飲み屋をはじめたと風の噂で聞いた。もう会えないかと思っていたら、先日、ひょんなことで「ひしょう」に行ったら、おみっちゃんがママとして復活していた。

雑誌の仕組み

4号で取次経由で全国で販売されるようになった。スタッフで首都圏の書店に雑誌を運んで、集金してという肉体労働はなくなったが、隔月の発行サイクルを狂わさずに、確実に製作して納品するという作業サイクルが始まった。

僕と渋谷とで、取次に部数交渉に行く。窓口の長椅子に座って、まるで病院の待合室のように、待機する。次から次へと出版社の販売部の人が来て、窓口のカウンターで、取次の人と交渉をするのだ。担当者が分厚いファイルを持ってきて、前号の売上げ状況をチェックする。まだコンピュータなんかない頃だ。

手書きの台帳を、冷たい目をして担当者は見ている。

「うーん、このくらいの返本率だと、きついですね。少し、部数を下げましょうか」

「いや、反響は良いので、もっと店頭に置いて欲しいんですよ。部数、上げてもらえませんか」

「うちは、数字でしか判断出来ないからね。返本率の圧縮は会社の方針なんですよ」

「なんとかお願いしますよ。部数が下がったらね、やっていけないんですから」

「仕方ないですね、では、前回と同じ部数ということで」

こんな会話が何度も繰り返された。説明すると、日本の出版業界は、委託販売制度というシステムになっている。取次経由で書店に配本し、売れた部数を精算して、売れなかったものは、書店から取次へ、そして出版社へ返本出来るシステムになっている。取次と書店は、売れた雑誌のマージンを取るわけだから、売れないで返本されたものからはマージンを取れない。しかし、トラック使って人件費使って、雑誌は動くわけだから、売れない分については、流通側はタダ働きになってしまう。「運賃協力金」とか「部戻し」(売れなかった分について出版社が払うペナルティみたいなもの)とか、いろんな仕組みを取次も考えたのだが、「売れる分」だけを確実に流通させれば、そのマージンを取れるので、部数については、売れる見込みのあるギリギリの数字を言ってくる。出版社の側は、出来るだけ多くの部数を書店に並べたいので、なんとか部数を押し込みたいと思う。例えば100万部を書店にまけば、どんなに売れなくても10万部くらいは売れるが、納品が10万部だったら、全部売れても10万部は超えないことになる。

最初は、取次が何でこんなに部数を取りたがらないのか不思議だった。ロッキング・オンは、全国販売は、合計1万部くらいのところからスタートした。公称は3万部である。この「公称部数」というのも意味があって、単なる出版社の見栄ではない。雑誌の商売は、広告収入の依存度が高い。クライアントは広告を出す際は効率を考えるから、例えば、1万部の雑誌に広告を出す場合、1人の読者に広告を届けるのに10円コストをかけてよいとすると、10万円が広告料になる。チラシ1枚を作って配るのに1枚10円かかるとしたら、雑誌の中にチラシを印刷して配ることと同じだ。これが公称3万部と言ってあると、30万円になるわけだ。クライアントが会社の内部で広告を出すための稟議をあげるためには、公称でも部数が多ければ、上司の理解が得やすいということになる。もちろん、こんな事は、当時はまったく知ることもなかった。なんだか分からないまま、世の中の不思議な習慣の海を漂っていたのである。

ちなみに、雑誌を純粋に販売だけでやっていくのは本当に大変だ。当時、ロッキング・オンは定価180円だった。出版社に入るのが6割として1冊につき108円だ。1万部販売しても108万円である。もちろん返本があるので、こんなに入らない。1頁10万円の広告を10社取れば100万円である。10社の広告を取るには、10人の企業の担当者を口説けばよいのだが、1万部の本を売るには、1万人の読者を口説かなければならない。

しかし、もちろん、僕たちは、ロッキング・オンを読んでくれる多くの人が全国にいるはずだと信じて発行を続けていた。編集も販売も広告も、すべて、素人の僕たちがやった。広告代理店という存在も知らなかったし、だいいち、学生たちの出しているミニコミのような雑誌に、広告代理店が注目するはずもなかった。編集部も販売部も広告部もなく、すべてを僕たちでやった。

搬入の日が近づくと、取次に電話して、「ロッキング・オンですけど、次の号の搬入が決まりました。○月×日の午前です。部数はいくつで、製本屋さんは、どこそこです」と伝える。製本屋さんを教えるのは、搬入の日に納品がされないと取次が困るので、遅れた場合は、取次が直接、製本屋さんに電話して確認するのだ。僕も渋谷も、どこかの出版社に勤めて、そこで先輩に教えてもらったりして鍛えられたこともなく、いきなり現場に紛れ込んで、あたふたとしながら、出版の仕組みを学んだ。

第7章 混乱の中での前進

資金的な困窮は続く。長い長いトンネルの中を走っているようであったが、それでも10号に到達する。

若いこだま

渋谷がNHKラジオの「若いこだま」という番組のDJをやることになったのは、ロッキング・オンの全国販売が始まって、しばらくしてからである。NHKが若い世代向けにロック番組をやるということで、DJを募集した。普通に公募すると大変な数の応募があって収拾つかなくなるからと、音楽業界の関係者に推薦してもらう形で何人かの候補が集まった。渋谷は確か、東芝の石坂啓一さんか音楽評論家の相倉久人さんの推薦で審査に出たのだと思う。渋谷はロッキング・オンを軌道に乗せるために全力投球していたから、今更、NHKのレギュラーなんかに出たいとは思っていなかった。ただ、紹介してくれた人の手前、オーディションを受けざるを得なかった。本人はやる気がなかったので「ハイ、次のレコードは、なんたらのなんたらです」というように、ぶっきらぼうに曲目を紹介した。ところが、他の応募者は、当時はやっていた深夜放送のラジオ番組のような、ハイテンションで「イェーイ！　ゴーズオン！」みたいな感じで、あおりながらレコードを紹介していた。

結果的に、投げやりに曲目を紹介していた渋谷がNHK的な審査員に評価されて、受かってしまった。渋谷からみんなに相談があった。

「あのさぁ、NHKのDJやれっていうんだけどさ、どうしようか。ロッキング・オン

NHK で、岩谷宏と渋谷陽一

はこれからが勝負だから、そんなことやってる暇ないと思うんだが」
「ＮＨＫの全国放送だろう？　やれよ、ロッキング・オンの宣伝だと思ってさ。天下のＮＨＫ使って、自分たちの雑誌を宣伝できるなんて、おいしい話じゃないか」

かくして、渋谷は、ロッキング・オンの宣伝のために、ＮＨＫというメディアの公器で活躍することになる。実際、地方の中学生・高校生で「若いこだま」でロックを知り、渋谷を知り、そしてロッキング・オンを知った人たちは数知れない。しかし、渋谷自身はメジャーになっていったが、それでも、ロッキング・オンが採算に乗るためには、まだまだこれから長い時間がかかるのであった。

広告営業

６号は、また、ちょっと違う感じの雰囲気になっている。表紙はこの号から手伝うことになった、デザイナーの大類信が担当したのだが、おそらく、大類が本業で忙しくて時間がとれなかったのだろう。本文レイアウトは、小島宣男＋橘川幸夫となっている。

小島さんというのは、僕の叔父（母親の弟）の大学時代の友人で、一時、僕の隣の部屋に住んでいた。主にPR誌とか、機内誌とかのデザインをやっていたので、すっきりとしたデザインになっている。

「ロッキング・オン」6号

アラジンセイン　訳　岩谷宏
性差別思想の妄想を排す　大久保宏
Rock by Words　裂羅良
アメリカ――ウェストコーストの一断面　大久保青志
同時代者としての沢田研二　渋谷陽一
現代革命家論　その一　天地真理　岩谷宏
歌考　豊間根則道
デビッド・ボウイと内面の旅　新長えり子
サーティ・セカンズ・オーヴァーウインターランド　滑川海彦
拝啓　沢田研二様　松村雄策
娼婦の思想　岩谷宏
異訳集　橘川幸夫
Red Rose Spead Way　松村雄策
ウィッシュ・ボーン・アッシュ・フォー　大久保青志
後進性まるだしの記者会見（とゆうしろもの）　岩谷宏
音構造への悪闘の現在性に就いて　小林竜雄
どのようにロックなのか――断片的ロック表現論一　滑川海彦

洋楽の音楽雑誌なのだが、渋谷と松村が沢田研二論を書いていて、岩谷宏は天地真理だ。大久保宏は、中村とうよう氏に論戦をしかけ、岩谷宏は、日本の音楽ジャーナリズムにいちゃもんつけている。小林竜雄や滑川は、大上段の論理文章を書き始める。70年代前半のロック喫茶のようなカオスなロック雑誌になってきた。

当時の音楽ジャーナリズムは「ミュージック・ライフ」「音楽専科」などの、ロックのスターを芸能人のアイドルのように紹介する雑誌と、「ニューミュージック・マガジン」（NMM）という、構造的に音楽シーンをとらえるインテリ評論家の批評誌があった。僕も中学時代はミュージック・ライフを時々買っていたし、NMMについては、岩谷宏も松村も読者欄に投稿していたし、僕も、NMMの販売協力員みたいなボランティアをやったことがある。渋谷、大久保、小林らは、NMMへの批判文をロッキング・オンに書き、NMMの中村とうよう氏も、反論原稿を出してきたりした。しばらくして、業界関係者の誰かが、中村とうよう氏に会った時の話として「ロッキング・オンのライターは全部、ダメだな。唯一、可能性を感じるのは滑川海彦という子だ」と言っていたという。編集部では、「滑川、褒められたぞ」と大笑いになった。

４号から一般誌になったので、レコード会社から広告を入れる体制をつくることになった。これは資金的な問題もあるし、レコード会社から最新の情報やレコードを入手するという目的もあった。４号から、すでに表２にビクターが、表４にＲＣＡがデビッド・ボウイ来日の広告を入れている。本文中には、東芝や日本コロムビアと草思社の１頁広告が入っている。その他、小さな広告としては、ＢＹＧ、ディスクチャート、山野楽器、ヤマハ銀座など、これまでロッキング・オンを直接販売してくれた店が広告を出してくれている。いずれも正規の料金による有料の広告である。たいしたものだと思う。広告担当は大久保青志であったが、ほとんど渋谷陽一の力である。広告代理店も使わずに、直接、レコード会社の若いディレクターとの関係を築いていった。渋谷が相手をくどき落として、そのあとの事務処理を大久保がやるという体制であった。

渋谷は、これまでもＤＪをやったり、ライナーノーツを書く仕事をしながら、レコード会社の担当者とのパイプを築いてきた。その関係を使い、全国販売に向けて広告の営業を重ねていた。

広告が入りだすと、資金的には少し楽になってきたが、それでも赤字である。スタッフのギャラも原稿料も交通費も、創刊以来なしである。みんな他の仕事で食べていた。広告頁が出てきたので、編集制作的にも、これまでのように集まった原稿を適当に並べるだけではダメで、あらかじめ広告頁のスペースを確保しておかなければならず、台割もきちんと構成しなければならなくなった。広告の版下をレコード会社に取りに行くのは、渋谷、松村、大久保、橘川らが担当した。

広告の版下が出来たとレコード会社から電話があると、空いてる誰かが取りに行って、印刷屋に渡して、校正用紙があがってくると、それを再びレコード会社に持っていき、しばらくしてまたレコード会社に行って修正などが入った校正用紙を引き上げて、印刷屋に渡す作業である。そして本が出来たら、見本誌と請求書を持っていかなければならない。

はじめて見るレコード会社の広告版下は、これまで素人が作っていたロッキング・オン本誌の版下とはだいぶ違い、印刷の指定もいろいろと書き込まれていた。こちらは素人ばかりだから、言われたままに受け渡しをする。校正用紙などに書き込まれた「バックの青をもっとスッキリと」とか「キンアカ強めに」などという指定が、なんとなくかっこ良く見えた。

この頃のレコード会社の担当ディレクターだが、当時は平社員でも、現在では、その世界の大物になった人も多く、この時代に築いた人間関係は、その後のロッキング・オンの発展の大きな支えになったはずである。当時、赤坂溜池の東芝ＥＭＩには、石坂敬一、三好伸一などがいた。松村は、いまだに石坂と、何の用もなく飲んだりする仲である。市ヶ谷のＣＢＳソニーや池尻大橋のポリドールにも広告校正のためによく行っていた。

僕は学生のままロッキング・オンをやっていたので、アルバイト以外に普通の会社の雰囲気を知らなかったから、大企業のオフィスの中で、会社員たちと話したり、やりとりしたりすることが新鮮で楽しかった。ある時、東芝ＥＭＩに行って、三好伸一から「橘川くん、何か欲しいのあったら言って」と言われた。何か好きなミュージシャンのレコードがあればあげるよ、という意味だったのだろうが、僕は「そうだなぁ、アイロンか電器釜かなあ」と言った。東芝ならレコードも電器釜も同じ会社の商品だと思っていたのだ。

とにかく渋谷陽一の営業力や交渉能力は最初から抜群であった。
6号の広告頁は、以下である。

表2　ビクター
本文1頁　東芝レコード／RCAビクター／ワーナーパイオニア／ブロンズ社／ポリドール／日本コロムビア
本文1／2　新宿ディスクロード
本文1／3　Melody House／スナフキン
表3　パルコ
表4　ヤマハ

広告料金の定価は、本文1頁で、8万円くらいだった。表4（裏表紙）が一番高くて、その次が表2（表紙の裏側）と表3（裏表紙の裏側）がその次。約10頁分として総額は100万円くらいだろう。本誌は1冊180円で、4割は取次と書店のマージンだから、こちらの取り分は1冊108円。1万冊完売でも108万円だが、返本が20％とすると、入ってくるのは80万円。総売り上げは１８０万円となる。これが印刷・製本費になる。

これだけ頑張っても赤字であり、無論、人件費も原稿料も家賃も出ない。

HELP & JOIN!

ロッキング・オン7号。
すこしずつだが、デザインも内容も、スタイルが確立してくる。

「ロッキング・オン」7号

特集Ⅰ　キング・クリムゾン
●訳詩・紅王の宮殿にて　滑川海彦
●追憶のクリムゾン　岩谷宏
●クリムゾンに叩き付ける碑文　小林竜雄
●予感の音色について　橘川幸夫
●Confusion will be my epitaph　岩谷宏
●アビイ・ロードへの裏通り　松村雄策
●二冊のビートルズ詩集を書評する　大久保宏
●C・スチーブンス「異邦人」　大久保宏
●ニュー・ソウル考　長田美智子
●ブレイングP・F　岩谷宏

●ピンク・フロイド　橘川幸夫
特集2　南部は安らぎの場か（スワンプ考）
●訳詩　スワンプ訳詩集　沖田一
●転向スワンプ・ミュージシャン考　滑川海彦
●スワンプ・サウンズ私論　大久保宏
●私はロックを　岩谷宏
●南部はよいとこ一度はおいで　渋谷陽一
●疾走と微笑　橘川幸夫

●ディスク・レビュー
ピンク・フロイド（岩谷）★シカゴ（橘川）★オールマン（大久保）★マクラフリン（小林）★フリー・クリーク（渋谷）★ベルベット（岩谷）★ホークウインド（岩谷）★GFR（渋谷）★ジャニス（橘川＋小林）★ニルソン（滑川）

●表紙＝大類信
●本文レイアウト＝大類信＋橘川幸夫

この号は、岩谷宏が7本、橘川が5本、大久保が4本、小林が3本、滑川が3本、松村が1本、渋谷が2本を書いている。橘川の「疾走と微笑」という原稿は、『バニシング・ポイント』という映画の評。この頃、音楽もよく聞いていたが、映画もよく観ていた。

渋谷の原稿がこの号は少ないが、創刊から少し余裕が出てきたのか、渋谷が珍しくスタッフ紹介を書いている。

ロッキング・オン
ア・ラ・カルト

ロッキング・オンも今回で7号、約一年間続いたわけである。創刊号時よりなるべく同人誌臭くないようにと心がけ、楽屋落ちを避けてきた。

その為にどの雑誌もやっている執筆者紹介というものをやらないできたが、雑誌全体が無愛想であるし、読者の希望もあるのでこの辺でそろそろ解禁してもいいだろう。

ただ印刷寸前にページ調整がきかなくなって急に作ったページなのでどこかの雑誌のように似顔絵つきというわけにはいかない。

岩谷宏
圧倒的女性ファンを持つロッキング・オンの金看板。一目、見たさにファンは殺到するが皆自己の想像力の貧しさを思い知って帰る。
特技　マージャンに勝たないこと。10年前は京大でランボーをやっていたらしい。
関わっている音　ボウイ。ＥＬ＆Ｐ。クリムゾン等。

橘川幸夫
酔うと裸になり一時代前のゴーゴーを踊る。本誌の写植を打っている。彼の持っているステレオ＝電蓄はスタッフ内で悪評が高く、橘川に貸したレコードはミゾがえぐられて帰って来る、というウワサ。60年最後の世代。ジャニス。緑川アコ。カーナビーツ。

大久保宏
渋谷の高校時代の同級生。渋谷にそそのかされてロッキング・オンに手を染めたのがマチガイの始まり。以来愛車のスリーSで配送に走っている。最近は新撰組にこっている。剣道三段。オールマン。C・キング。

小林竜雄
池袋の肉屋の若ダンナ。最近は脳欠ブタや牛が出てきて、肉屋もあと3年だと、あせっている。大久保（宏）とバカ田大学の同級生。元マンガ少年。マクラフリン。ヘーゲル。

滑川海彦
いまだに少年の面影を外的にも内的にも残す21才。一見日大生風。ホントは東大法科。
出身地　銚子。ウェストコースト一般。

好光英子
本名Mami洋子。大阪在住の文学的美少女。ロッキング・オン大阪支部（何をするとこか知らない）の指導者。ロック全般。浅川マキ。

松村雄策

本名マッキー。先験的ロックグループ「自滅回路」のリード・ボーカリスト。外の何者でもない、と本人は言う。
特技　コブライツイスト。ビートルズ。沢田研二。

大久保青志
種々雑多なことに首を突っ込みすぎて、なんとなく常に多忙な人。渋谷と共にロッキング・オンの営業担当。

松尾克則
郵便屋さん。「ヒマだ。」というのが口ぐせ。事実ヒマらしい。常に破けたジーンズをはき鳥の巣のような髪をたなびかせている。

大類信
前号から表紙のデザインを担当。今号では特集のレイアウトもやってもらった。銀座の広告代理店のデザイナー。むろん本誌はノーギャラ。

加部燎子
本名喪失。某一流音楽雑誌の編集者。ロッキング・オン内一・二を争う酒豪。一見高校生風。
［文責渋谷］

渋谷の人物評というのは、なかなか面白い視点からとらえることがある。しかし、経営的には、相当、逼迫してきた。親父の印刷屋への支払いも滞り、やりくりが大変そうだった。以下の岩谷宏の文章が掲載された。


HELP & JOIN!

ロッキング・オンは、今、二つのピンチに見舞われています。この二つが今後も続くようなら、やがて、本誌は廃刊の憂き目にあうこと必定です。

ひとつのピンチは、質のいい原稿がなかなか来ない、ということです。

もうひとつのピンチは、資金的に非常に切迫しているということです。

原稿のことについては、これは、物を書くということは、ひとつの意識的な営為であり、したがってシンドイことであり、しかも本誌の場合のように一銭の収入にもならないとなれば、はじめから書く気がおこらないのも無理ないかもしれません。しかし、ロックが好きで、本誌の主旨にも賛同してくれているのだったら、つまり、できることなら本誌はつぶれない方がよい、と思っているのなら、ぜひ、ここである種の覚悟を決めてもらって、みんなが読むに足る、真剣な文章を書いて送ってほしい。

もうひとつの資金面の事情は、印刷会社に、かなり非常識とも言えるあまったれかたをして、印刷代金の支払いを繰りのべさせてもらっているけれど、これも、そう無際限にあまったれていられるものではない。

だから、本誌の主旨に賛同してくれていて、どちらかというと本誌はつぶれない方が良い、と思っているのなら、何千円、何万円、出来れば何十万円という単位で、本誌に出資してほしい。

そのように、原稿および出資という具体的な形で、本誌への賛同者が増えて、仕事としての基盤がしっかりしてくれれば原稿に対する原稿料、出資に対する配当、そのほか色々な労働に対する報酬等も、ちゃんとできるようになるだろうが、それは、現状では夢のような話で、この夏も、数名の創刊発起人のバイト料が、焼け石に水的に投じられただけであります。

われわれロッキング・オンの創刊発起人のなかには一人として大金持ちやエライ人がいるわけではありません。みんな貧しいシロウトなのでありまして、現状はまさしく「ヘルプ」なのです。

どうか、まじめに、よく考えてください。

［岩谷］

岩谷宏の、この文章に対して、若い高校生や大学生、社会人たちが、少額ではあったが、カンパを送ってくれた。そして、ある日、現金書留が届き、中に10万円入っていた。

確か、女性会社員からのものだったと思う。僕は「すごいすごい」と興奮したが、岩谷宏は表情一つ変えずに「10万円では全然足りない」と言い放った。

ロッキング・オンは、創刊メンバーの、それぞれの個性が複雑にからみあい、ひとつの雑誌となって、世の中を疾走していた。

大類信

大類信は、高校を出て北海道の役場に一度、就職したが、東京のロックなシーンに憧れて上京してきた。大手のデザイン事務所に入って、デパートの広告などを手掛けていたとき、書店でロッキング・オンを見て、手伝いたいと連絡をくれた。長身のおしゃれな男だった。

なにしろロッキング・オンは、創刊時は特にデザイナーもいなくて、2号から5号までは、橘川が主導でデザインしていた。6号から表紙は大類に頼んで、7号からは、大類が表紙と目次と本文の一部に入ってきて、だんだんと、デザイナーとしての橘川の役割がフェイドアウトしていき、大類が全部を見るようになる。橘川は編集と写植作業が中心になり、棒打ちに印字した写植用紙を大類に渡すと、すさまじい速さで、カッターナイフとペーパーセメントで、版下を作ってくれる。

8号の表紙は、アリス・クーパーが缶入りコカコーラと一緒のイラストである。大類が写真をトレースしてコラージュしたものだろう。アンディ・ウォーホールタッチの、アメリカン・デザインが大類の持ち味だった。表紙のロゴも大類が新しく作った。しかし、目次の頁に使われているロゴは、前回のままという、支離滅裂さである。それでも、なんとなく、新宿のミニコミが、全国誌の雑誌にテイクオフした感じはした。創刊してから、ロゴひとつにしても、きっちりと確定したことがなく、毎回、新しく作るありさまだったが、ようやく継続的な発行体制になってきた。

大類信は、中野坂上の古いアパートに住んでいて、どちらかというと無口なのだが、松村、斎藤、橘川などの飲み会の誘いにはよく来てくれた。渋谷は、飲めないこともあるが、飲み会みたいなものは、あまり好きではなかったようだ。ＮＨＫのＤＪやっていて、社員たちとカラオケに行って、「渋谷、歌え」と言われて、「歌わなければいけないのなら、ＤＪやめる」と言ったとか言わないとかいう、噂が流れてきたことがあった。

大類は、ロッキング・オンの勃興期から30年以上、ロッキング・オンのアートディレクターを務めた。ロッキング・オンの雰囲気が、30年たってもあまり変わらなかったのは、大類がいたからだろう。情報欄の「21ST CENTURY SCHIZOID TIMES」などの頁は、僕と大類が相談して、構成を決めた。

大類は、欧米のクラッシックなデザインが好きで、80年代にニューヨークやパリの古本屋に行って、１９２０年代のＳＭ雑誌を集めていた。それを、日本に紹介して「ボンテージ」という、「おしゃれなＳＭ」を一般化させた。ボンテージのショップやクラブを作って、新しいムーブメントにしたのである。80年代のある日、目黒白金台にあった大類のスタジオでおしゃべりしていたら、「僕は、おしゃれなＳＭに興味あるんだけど、日本でやってると、本物のＳＭ愛好家からばかり連絡が来るので、困るんだよ」と笑っていた。

大類は21世紀になってしばらくしてから、日本を離れてパリで暮らすことになった。理由を聞いたら、「僕は渋谷を歩いている日本の女の子のファッションセンスが、どうしても納得出来なくて、日本の未来に絶望した」と言った。彼の美学は、ガングロなどの日本の女の子文化に耐えられなかったようだ。パリのアラブ人街の倉庫を借りて、ギャラリーとアトリエにして、生活している。フランスのファッション雑誌のＡＤをやっているようなことも聞いた。パリのブティックに古い陶器製のマネキンがあって、それに一目ぼれをして、身請けを願い出て、そのマネキンと一緒に暮らしている。独特の美学である。

ロッキング・オン８号の目次は以下。

特集Ｉ　アリス・クーパー
アリス・クーパーへの批判的あいさつ　岩谷宏
訳詞　ビリオン・ダラー・ベイビーズ　岩谷宏
アリス・クーパー試論（番外編Ｉ）　渋谷陽一
あはは、最後的宇宙人　アリス　各務恵美子
どのようにロックか　断片的ロック表現論2　滑川海彦
Yes it is 彼等のサウンズの秘密はあっけらかんさにあった　渋谷陽一
もともと私たちと同じく宇宙の人であるデビッドの秘書である人からきみへのメッセージ　岩谷宏

「ロッキング・オン」８号

遠いのかい君のロックは　イエスキリストスーパースター　好光英子
ジャニス・ジョプリンの問題　小林竜雄
60年代に何があったか　「ピンナップス」をめぐって　五味啓子＋岩谷宏
以後を噛む　「ジギー・スターダスト」評　橘川幸夫

特集2　総展望　現在ロックは何処に
ストーンズ〈ベガーズバンケット〉小林竜雄●ドアーズ〈LAウーマン〉松村雄策●エアプレーン〈シュール・レアリスティック・ピロウ〉滑川海彦●ジョン・レノン〈ジョンの魂〉橘川幸夫●ブラインド・フェイス〈ブラインド・フェイス〉渋谷陽一●ピンク・フロイド〈アトム・ハート・マザー〉岩谷宏●ジャニス〈グレイテスト・ヒッツ〉大久保宏●クリムゾン〈クリムゾンキングの宮殿〉滑川海彦●EL&P〈展覧会の絵〉岩谷宏●エリック・クラプトン〈レイラ〉小林竜雄●GFR〈GFR〉渋谷陽一●デビッド・ボウイ○岩谷宏●ディープ・パープル〈ライブ・イン・ジャパン〉橘川幸夫

●表紙＝大類信
●本文レイアウト＝大類信＋橘川幸夫

8号になって、特集を組むことが出来るようになった。固定ライターと、女性の投稿者たちが増えてきた。本文の中にある「五味啓子＋岩谷宏」の五味啓子は、当時、デビッド・ボウイ・ファンクラブの会長をしていて、やがて岩谷宏と結婚する。特集1のアリス・クーパーは、渋谷と岩谷宏で、手分けして書いた。各務恵美子は投稿者。特集2は、いろいろなアルバムを、レギュラー執筆者で分担してレビューを書いた。

好きな原稿を書きたいだけの学生が集まって始めたミニコミが、なんとなく、編集の要素が加わってくる。普通なら、創刊前に準備したりすることを、雑誌を創刊してから検証したり、企画したりした。なんとなく、ロックというものは、こういうものだという自覚があった。

編集の充実と、事務の混乱

9号の表紙は、ＥＬ＆Ｐのコラージュだ。大類信が全面的にデザインに関わってきて、雰囲気が決まってきた。特集もＥＬ＆Ｐで、ようやく、本文と表紙が連動してきた。

「ロッキング・オン」9号

訳詞　E L&P　ブレイン・サラダ・サージェリー　岩谷宏
あのE L&Pがまた　渋谷陽一＋岩谷宏
アビイ・ロードへの裏通り（6）ねこのマインド・ゲームズ　松村雄策
エリック・クラプトンの惨歌　松田はるみ
サンタナはやはり「君に捧げるサンバ」「マジック・ウーマン」の頃が最高　淵比呂子
サンタナ節由来　小林竜雄
架空インタビュー　ロッキング・オン対ジミー・ペイジ
どのようにロックか？　断片的考察（3）　滑川海彦
新宿、シカゴの蒼い街——ブルース酔狂伝　八倉牧
ジャニス・ジョプリンの問題　小林竜雄
ハンキイドリイ評　塚脇功＋各務恵美子＋橘川幸夫
ボブ・ディラン大批判　岩谷宏
みんな世紀末の日々にはウォーとあがた森魚が良く似合う　松本隆
安いレコードを買おうとして東京をウロウロしてみました　大久保宏
ロッキング・オン・ディスクレビュー

本文も、ようやく、音楽雑誌のスタイルになってきた。岩谷宏の訳詞と架空インタビューは、ロッキング・オンの大きなウリのひとつになった。E L&Pの訳詞に、こんなフレーズが出てくる。

いまは人をみて
「あいつはちがう人だ」と
瞬間的にわかってしまう。
私はいまはもう
最終目的だけをプログラミングされた
完璧なコンピュータだ。
きみも自分へプログラミングせよ
私はきみ自身だ。
そうだ。

——THIRD IMPRESSION/EL&P

1974年の音楽雑誌に、こういうフレーズがたくさん出てきて、僕は読者としても、岩谷宏にアジテートされた。架空インタビューも岩谷宏が考案した企画だが、いかにもジミー・ペイジが言いそうなことと、絶対にこんなこと言わないよな、という発言がふれていて、読むというより、考えることを読者に強いた。大川隆法がやっているようなイタコ話法が、ちゃんと、中身のあるものになっているという感じだ。

本誌の中に小林竜雄の「みかむなぎの頭のスープ」という自主映画が撮影中という広告が出ている。これは、小林が監督で、滑川と大久保宏がカメラマンとして参加し、作ろうとした映画だが、途中で人間関係のゴタゴタで空中分解したらしく、完成作品は観ていない。ロッキング・オンは音楽雑誌だったが、そこに集まってきた連中が、それぞれ、いろんなことを開始した。雑誌を中心とした、ムーブメントだったことが分かる。松村は音楽活動を進め、岩谷宏は、松村と「イターナウ」というバンドを結成し、その後、キラキラ社という、演劇集団を作りだす。橘川は、やがて、宝島社に全面投稿雑誌「ポンプ」の提案を行い、創刊編集長になる。いずれも、ロッキング・オンの読者たちとの関係が大きな力になった。

この号に「松本隆」という名前がある。「はっぴいえんど」を解散して「ムーンライダーズ」の活動をしながら、プロデュースをはじめた頃だ。

「去年の夏、南佳孝という男のプロデュースをしていていちばん苦労したことといえば、リズムだった。」という書き出しで、自分がプロデュースをした、いろいろなミュージシャンの音楽を分析している。松本隆が25歳ぐらいの時の原稿だ。投稿したとは思えないので、渋谷が仕事関係で知り合って、原稿を依頼したのだと思う。

この号の奥付をみると、事務所は「岩淵町」になっていて、印刷は「三友社」。印刷は、僕の父親が引き続きやっていたのだが、会社名はよく変わった。

バックナンバーの注文は、大久保宏の自宅になっていて、本の在庫は、大久保の家に運び込まれていたのだろう。

編集後記の頁に「事務的作業が、かなり混乱していますので、金を送ったけど本が来ない、とか何とかの問題はロッキング・オン分室まで至急連絡ください」とあり「苦情・文句は、渋谷陽一へ」と、渋谷の自宅電話番号まで書いてある。相当、混乱している状況である。

10号に到達

10号ということで、創刊の混乱から一息ついて、デザインも大類色が強くなった。

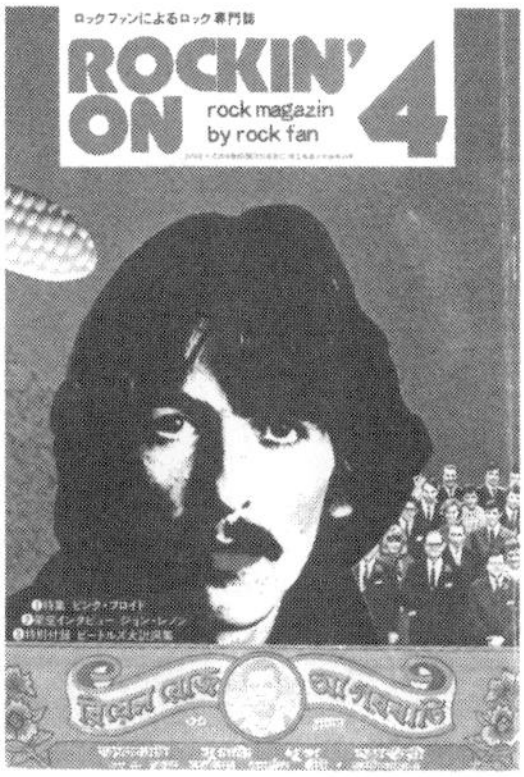

「ロッキング・オン」10号

架空インタビュー　ジョン・レノン対ロッキング・オン
特集ピンク・フロイド　岩谷宏＋たぐちくにこ＋渋谷陽一
バキューン、バーン〈ディープパープル新譜〉　松村雄策
伝説のグループ クリーム　渋谷陽一
公開質問状　中村とうよう様　小林竜雄
特集イギリス・ネオ・ハードロック
　☆クイーン＋ブラック・フット・スー　岩谷宏☆ストレイ　橘川幸夫☆ナザレス　志賀京子
岩谷宏大批判——「うた」の生理学　大久保宏
それらがすべて過去のものだという安心感——ジギィー・スターダスト論　岩谷宏
ベルリンに住まう人々に宛て　橘川幸夫
わが隣人ローリングストーンズ　小林竜雄
アビー・ロードへの裏通り　松村雄策
スターレス・アンド・ブラックバイブル　岩谷宏
特別付録　ビートルズ大訳詞　岩谷宏
ディスクレビュー

ロッキング・オンは、創刊時は３０００冊を刷っていたが、１０００部も配本出来なかったが、取次を通ることになり、３０００部は書店に配本出来るようになり、少しずつだが、部数も増えていった。具体的な数字は覚えていないが、僕の中になんとなく

「部数の壁」というもののイメージがある。

最初は3000部の壁というものがある。なかなか3000部の壁を破れない。越えそうになると、また引き戻されてしまう。3000部を超えると、今度はするするすると1万部近くになる。しかし、また1万部の壁にぶつかる。何度も何度も押し返されて、ようやくそれを突破すると、今度は3万部の壁だ。そして3万部を超えると、10万部が見えてくる。

これは、メディアのコミュニティの数なのだと思う。3000部の時は、そういうマイナーでコアな読者が集まる。1万部になると、新しい質の読者が集まってくるが、最初の3000人は不満をこぼしはじめる。3万部を超えると、1万部の読者から不満が出て、3000部の読者からは離れていく人が出てくる。価値観の塊というようなものがあるのだろう。

10号の最終ページに「ロッキング・オン・ライナーノーツ」という文章がある。僕が書いたものだ。

★ロッキング・オンもこれで10冊発行された訳です。今号より定価を180円より230円に値上げします。見返りとして、頁数が8頁増えましたので、実質的には値上げではなく、移行、だと思います。
ROCKが商売となるには、ずいぶんと厳しい御時世になってまいりまして、目ざとい人たちはサッサとやめてしまいますが、思い切りの悪いROは、とにかく出来る限り続けていきます。
★投稿して下さった方々には、本来なら逐一返事を書くのが筋ですが、とりあえず誌上でお礼しときます。みんな、ちゃんと読んでおりますよ。自分の問題を抱えている人は、一回こっきりではなくて、持続的に投稿してくださることを期待しております。それからピンクを書いてくれた「たぐちくにこ」さん、住所を教えて下さい。

ロッキング・オンのことを「RO」と略したのは僕である。文中にある「たぐちくにこ」は、その後、渋谷と結婚した女性投稿者である。

この号から、編集部は、橘川がやっていた東中野の写植屋に同居することになった。僕は、東中野の駅前の土田ビルというマンションに住まい兼仕事場として部屋を借りていたのだ。ここから数年間、70年代の熱い時代に、僕は、ロック雑誌の編集部で寝起きすることになる。まあ、いろんな事件が毎日のように起きた。ロッキング・オンは、70年代という時代を、ガムシャラに疾走していったのだから。

第8章 ロックレビュー

橘川がロッキング・オンに掲載したレコード・レビューである。今でも聞かれている名盤ばかりだが、こういう音楽を70年代という時代の中で、新しく登場したばかりの時に聞いたというのは、贅沢な体験だろう。

Janis Joplin Greatest Hits / Janis Joplin

Rockin'on 1973年10月号

昨夜は頭の中が陣痛のようだった。手紙を4通も書いた。今となっては、物理的にも精神的にも、あちこちへ散ってしまった友人たちに対して、何か言いようのない熱中さで、書いた。怒りのような速度で、書いた。それぞれがそれぞれの場で何をしているのかも知らないが、それでも、私がその時、凝視めいていたものを、あいつも同じようにして凝視めいているのだという事だけを、信じていた。〈夜に書いた手紙は夜に出した方がいい、朝になるとたいがい嫌になるから〉と言っていた友人がいたが、結局私の手紙もそうなってしまった。それでもその夜私は、はっきりと信じる側にまわったと思った。

私がものを書く、とは、それがどのような形式をとるにせよ、それは、手紙だ。それは、具体的な他者へであり、見知らぬ者へであり、あるいは見知らぬ自分へ向けての、である。

　しかし死者にだけは手紙を書けない。死者は許容もしなければ無視もしない。死者に語るべき理由も方法も、ない。


　死について語ることと死者について語ることは決定的に違う。死は観念であるが、死者はまぎれもない一個の肉体であるからだ。ジャニスは死んだが私の内部では今もみずみずしく生き続けている……などと白々しいことはとても言えない。その時、何かが確実に死んだのだ。個人的に関係した死者達、あるいは時代的に関係した死者達、彼らは、最早、無機の世界へ帰ってしまい、名前だけしか残っていない。彼らの死をかかえこんでしまった私の内面に撒かれた種は、死という観念の視線だ。いささか逆説じみるが、今は、忘れてしまうことが彼らに対する最大の供養であるような気がする。


私達は死をかかえこまざるを得ないほど弱いが、死者をかかえこめるほど強くはない。

　無数の死者があり、それぞれ無数の死者の困惑がある。しかし死はただひとつだ。それはつまり私の死だ。

　死は確認に過ぎない。

　死者は証拠に過ぎない。

日射病（異訳サマータイム）

街角を
子供連れの親子三人が
通り過ぎた
あはははは
恐怖だよな

夏の一日に
意志があるとしたら
それは
太陽の素顔ではなく

溶かされた大地と
溶けきれぬ私との間の
ゆらいだ支点ではないか

明確な影というものがある
そして
明確な影をひきずった
曖昧な肉体というものがある

私は今
全身で生きているが
実はそれが
私の
恐怖の表面積であった

ああ
そんなに楽しそうに笑わないでくれ
笑うなら
もっと
もっと

真面目に笑ってくれ!

Chicago VI / Chicago
Rockin'on　1973年10月号

今年の夏は、人が言うほど暑くはなかった。全員不快の日、でも〈不快〉ではなかった。それは何時の頃からだったろうか。それまで僕は夏になれば〈冬が好いなぁ〉と思い、冬になれば〈夏が好いなぁ〉と思っていた。何かが倒錯した。暑い、とか寒い、とかいった皮膚感情より以前の納得を持ってしまった。しかし、夏になれば夏が好い、と思うほうが自然なんじゃないだろうか。

それでも今年の夏、〈暑い〉と感じた数日間があった。お盆とかで、三百人近い人々が東京から消えた時だ。その時の太陽は暑かった。青空が恐かった。とっくに失われていた東京という霊がさ迷い出た感じだった。

シカゴのように暑かった。爽快だったかも知れないが、結局、ここまで来てしまった僕には、きまずかったし、なじめなかった。最近の東京の夏は、昔のように、あるいは田舎のように、直射の暑さではなく、じわじわと包囲してくるような濁った暑さだ。平気で馬鹿になれる。僕の肉体構造にそれはなじめるから〈不快〉ではないのだ。

シカゴについて語るには、あまりに初期の印象が強すぎる。I・IIしか知らない僕が突然Vに直面しても、シカゴ自身その落差を見るよりも先に、自分自身の断層に圧倒されてしまう。シカゴは今日もあの日の太陽のように正しい。しかし、その正しさは、僕（たち）が放棄した正しさだ。

シカゴもそれなりに年をとった。かつての軍艦マーチのような音は薄らいできた。顔立ちにも落ち着きが出てきたし、成熟したと言うのだろうか。しかし、シカゴは少しも変わっていない！

それが成熟だと言うのなら、さっさと世の中のことでも、人間のことでも、分かっちゃってくれ。こちとら、そんなの分かりたくもねぇや。

シカゴは、自分の信じている道を、自分の信じている足で、力強く歩く。素直なまなざしで、物事を正確に見る。実に健康で、実直だ。

それで僕は何だというんだ！　どうやったって自分なんか信じることが出来ずにふらふらして、はすかいでしか何も見ることがなく、いつも勘違いしている、不健康で、だらしない、僕は。

しかしとてもじゃないけど、素面でシカゴみたいな顔にはなれず、結局、あんたとは出発点が違うんだ、と言うしかない。言葉の正確な意味で人種が違うんだ。僕はレコードを体系的とか構造的に聞くことが出来ない。ソロであれグループであれレコードはひとつのトータルな人格だからだ。僕は、〈シカゴ〉という人間を想定してからアプローチするしかない。もし、あんたの方が、俺の方が正しい人間なんだ、と言うなら、僕は別に人間なんかじゃなくたって一向に構わないさ。

シカゴも、オースザンナへ帰って行く。帰る所がある人は帰った方が良い。帰って、もう二度と帰れないように叩き壊して来い。勿論、そんなことを、シカゴや三百万人に期待する方が馬鹿げている。アメリカのバンドは、アメリカそのものを叩き壊す音を創れずに、吸収、調和されてしまった。本当に打倒すべき敵は、先ず、自分自身だ、という発想が欠けていたのだ。

シカゴの相も変らぬ一本気な音を聞いて、僕は、虚構の上に創られた虚構が一番強固な虚構だ、と思わざるを得なかった。

以後を噛む「ジギー・スターダスト評」

Rockin'on　1973年12月号

今日もまた何が何だか分からないままに一日が終わって行く。部屋の入り口に立つと、終わって行く一日が、その空っぽさに反して重たくなってくるのはどうした訳だろう。

部屋の内側と外側を峻別する扉とは何なのだろう。僕は今日も帰って来たけど、何処へ帰って来たのか、帰るとはどういう事なのだろう。何も黙示されていない扉が、僕の内側と外側のはざまに重たく配置されているだけだ。存在という事がどうしても僕たちの楽観の証明であるというのなら、軽い失望や諦念に引きずられた波間の孤児でありながら僕は、日々の飛沫の彼方に、何か、おそろしく途方もない希望を凝視めているかも知れない。飯を食う。生きるために飯を食う。はぎしりしながら飯を食う。

無意識のうちにジギー・スターダストを取り出し

ていた自分に気付き、それを〈無意識のうちに〉と感じた僕の意識をえらく嫌らしいものだと思った。かつてジャニスについて書くために、まとめてジャニスのレコードを聴いていた時、〈ああ、俺は今、書くために聴いているな〉と感じた屈辱に似ていた。こうして自分を自身で監視している僕に対して無性に腹がたった。もちろん、現にこうして僕がそんな事を書いている以上、その怒りがどの程度本気だったのか疑わしい。自分を凝視める事が〈文学者的生き方〉であるなら、それによって得られるものより、遥かに失うものが大きいだろうとつまらぬ功利的な事も思ってみた。

ボウイの声が部屋いっぱいに拡がると、いくらか安心する。お香をたく。A面が終わり、B面のレディー・スターダストが始まると、もう、ほおっ、とする。レコード聴いて安心なんかしちゃいけないんだ、と思いながらも、それでも足の裏から、張り詰めた空気が抜かれてゆく。

ボウイのあの、球体空間の内部で響き渡るような声。見渡す限りの凍原での叫び声が、冷たい大地に弾き返されたような声。あの声は、裏声ではなくて、むしろ声の裏側とも言うべきものであって、ボウイの存在の根底がどれほど乾いた荒野であるかを示している。

こうした僕の言い方が、どれだけ根拠のあるものか実測できないし証拠だてもできないが、しかし、そうでなければ、僕が現にボウイの声に吸収されてしまうという事実が納得できない。そうあるべきである、という願望が、そうでなければならない、という意思に決着する事が、少なくとも、僕個人とレコード一枚の間の関係に於いて許されていると思う。僕は、ロックを、理論化したり体系化したりして、音を構造として捉える方法に興味がない。というより僕にとって、ロックとは、〈さけび〉でありそれ以外の事態では決してないからなのだ。自身の〈さけび〉を客観的に把握できるだけの余裕がない。ロック批評というのは、もしかしたら印象批評しか成立しないのではないだろうか。ロックの音は、絶えず音という構造自体を破砕する方向としてあるはずであり、破砕した瞬間にまたぞろ別の構造に組み入れられてしまう、といった議論にアキアキしている僕は、ロックは、やはり小説でも評論でもなく詩であって欲しいと思う。秀れた詩がそうであるように、衝動とも言って良い内発力が音＝言語という構造を、一瞬たりとも突き抜けていなければウソであり、いわば、つんのめっているのだ。音とか言語というのは、極めて保守調整的なものであり、それは、僕たちの衝動の不可避的な発露のための、止むを得ぬ全く止むを得ぬ手段であり同時に危うい安全弁でもある。だから、僕は、構造の内部でうまくやっているロックを、楽しむ事をできるが、それだけで別段どうってていう事はない。

ジャズならば構造として把握できるだろう。何故なら、ジャズの苦しみは〈私〉の苦しみではないのだから、距離が取れるのだ。しかしロックは、詩でありプチブルのラジカリズムであるのだから僕たちの問題なのだ。三島由紀夫じゃないが、詩と論争はできない。詩は、決して僕（たち）の方を向いてはいないが、必ず、僕（たち）が凝視めている方向へ、自身を投げかけているのだ。見も知らぬボウイを僕が信用できるのは、ボウイと僕がレコード一枚を通して向かいあったからではない。僕たちの闇の中の無限歩行で、隣に友人がいる事を、そっと、せきばらいで教えてくれた、というような意味だ。僕たちが彼方のある一点を凝視めているにせよ、その一点から、一瞬たりとも目をそらす事はできないのだから、一緒に行軍している隣人は、せめて横顔位しか知覚できないのだ。それでも安心するよ。僕たちは、たぶん、共通に愛おしむべきものも持ち得なかったかも知れないが、共通に憎むべき、あるたったひとつの〈目的〉は持っているのかも知れないのだ。

僕がロックを聴き始めたのは、多分音が欲しかったのではなくて、声が欲しかったのだ。ジャニスやアリス・クーパーやボウイの、僕にとっては、いたく人間的な声が僕には必要だったんだ。だから僕は、それぞれの時点で、浅川マキや三上寛やあがた森魚の声が好きだった。音は結局、技術だし、努力だ。しかし声は感情であり、感情は絶対に技術なんかじゃない。声を操作できるほど僕たちの感情は甘くはない。

ボウイは悲鳴より哀しく、怒号より真剣に、ギミーユアハンド、と叫ぶ。もちろん、この曲は、誰かに対して歌いかける、といった種類を超えた、もっと単独なさけびであり、いわば、渇望の凄まじさによって絶望せざるを得ない、というのがボウイのこの曲での立ち位置である。ジャン・ポーラン風に言うのなら、見えないものを見るとは実は何も見ないと同じことなのであり、ボウイのステージに駆け上がって、直接僕の手を差し出す事は全く意味がないのであって、そんな事をボウイは期待しているのではない。問題なのは僕たちの誰もが、他者に差し伸べるための〈手〉を喪っているということだ。ボ変な言い方だけど、それでも僕は人間が好きだ。ボウイのような声が外側から聞こえてくるうちは人間を未だ未だ信じている。ボウイの語り口は、岩谷宏の訳を通してでしか理解できないけど、言葉の背後にある切実さは痛いほど納得できる。それは僕たちの切実さと決して違いはしないのだから。

ジョンの魂
Rockin'on　1973年12月号

ビートルズという巨大な夢を生きてきたジョン・レノンが、朝霧の目ざめの、まさにその瞬間、夢の内側に置き忘れてきた肉体を懸命に回復しようと願ったのは当然である。そして、そこでの決意に似た予感（ふるえ）もまた、理のまさに然るべき当りまえの予感（ふるえ）であった。回復するためには、ジョンという肉体はあまりに夢に汚されていた。言葉の正確を期すために、あえて言えば、絶望とは何かを失う事ではない。ジョンが、ビートルズというしたたかな夢に自ら裏切られたと感じたことなど、たかだか失望に過ぎない。突き放して言えば、それは、最初からしてはいけない期待だったのである。

〈ジョンの魂〉は個人的であるがゆえに、極めて倫理的なアルバムである。倫理とは、もちろん社会一般でいうモラルではない。それは個人が個人に課し、あるいは課さざるを得ない宿命の謂である。その宿命の自覚である。私は何者であらねばならぬのか、何者でありたいのか、という仮面の自覚ではない。鏡を壊す事だ。鏡を壊して、更にそこで初めて、私は何者であるか、と、きつく問う事である。

このアルバムのジャケットで、自然（たいぼく）と女（ヨーコ）という二つの母に抱かれたジョンの姿は、ある種の回帰と同時に、出発を象徴している。この風景は、決して昼下りの憩いではなく、また残照の安らぎでもない。朝の、まだ明け切らぬ朝である。夜の深まりが鋭角であればあるほど、その中で夢が残酷な輝きを呈すれば呈するほど、早朝の風景は白じらしいほど虚脱している、という事は、街に住む人間なら誰もが嫌というほど思い知らされているだろう。つまりそこでは全てがなし終えた結果であるにもかかわらず、しかし陽は昇るのだ。夏の熱気が去った秋よりも、冬の沈黙をくぐり抜けた春の方が、そしてまた何も起りはしないが何かが起りそうな夏の到来を待たねばならぬ春の方が、哀しいのだ。それが〈死春記〉ではなかったか。

ハンター・デイビス（※ビートルズ伝記の作者）の描いたジョンの幼少時代の像は、確か、他者に対して冷酷なほどプライドの高い少年としてあったと思った。不具者に対してその不具な欠陥を嘲笑えるというのは、僕にしてみれば、やはり異常だ。排他性の強いジョンが、自分を殺してビートルズのジョンという共同性の中で個人性を展開し得たのは奇妙な事だと思った。たとえ共通の利害関係や目的意識があろうとも、ジョンのような自意識過剰の男が、全く資質の違う他の3人と8年も一体化して創造活動しえたというのは不思議だ。私的に考えても、例えば家賃を払えずに下宿を追い出された者が、親友の家に転がり込んで、友情が壊れるために、そんな長い時間は要らないのだから。

ジョンが本当に孤立して創作活動をしたのは〈ジョンの魂〉一枚ではなかったろうか。ビートルズという鏡を壊した彼も今はヨーコという鏡に自己を映している。かつて真崎・守と街を歩いていたら同伴喫茶が目について、なんで〈同伴〉が〈個室〉なんだ、と僕が言ったら、人間というのは2人の関係が個なんだとか笑われたが、やはり女房でももらわないと、ジョンの現在の気持ちは分からないのだろうか。

とまれ70年のジョンの出発、それがどのような型で集約されてしまったかあるいは彼の視座がどのように拡散されてしまったかについては、僕には語る術がない。それは僕なら僕の不測の影が触れ得る未来かも知れないからだ。さけびから出発した者の無残な栄光を誰も責める事をしてはいけないのだ。

ディープ・パープル・イン・ジャパン

Rockin'on　1973年12月号

ロックというものによって、心底、変えられてしまったのは、ロックの当事者の世代ではなくて、もっと上の世代じゃないかしら……というような事を、ある三十過ぎの女性に語られてしまい、殆ど、頬っ面をはたかれる思いだった。そういえば、それまでかなりロックというものを先験性として、あまりに自明の事として、浸っていた僕自身に対して、絶えず、イチャモンをつけてきたのは何人かの三十過ぎだ。彼等の語り口には、ロック体験以前の自己に対する〈何でこんな事が分からなかったのだ〉という、ある種の恥らいと、彼等にしてみればロックそのものである僕らに対する、はがゆさ、つまり〈おまえ達はもっと凄い事を言っているんだぞ。何んでそれに気が付かないんだ〉というような彼等共通の困惑があった。むしろロックに対しての不信というのは僕の方が強くて、〈ロックってそんなに凄いんですか?〉と僕が表情で応えると、誰にも呆れたような嫌悪の表情が浮かんでいた。

　僕の知り合えた三十過ぎが、むしろ特殊なのかも知れない。ただ僕たちロックの当事者の世代から、ロックを超える一本のロック論も生まれていないという事は、やはり自己批評の難しさであり、人間誰しも、そんなに自分を信じきれるものではないことを示している。


　ディープ・パープルの言いたい事はすごく良く分る。分ったところでどうなるものでもないが、とにかく分る。あまりに分り過ぎて直接的に説明できない。納得が理解を跳び越えてしまって言葉にならない。いささかキベンじみて良くないと思うが、つまりディープ・パープルのやってる事は、今のディープ・パープル自身にすら理解し得ていないのではないか、という事だ。

　閑話休題、なんてやってる余裕は本当はないのであって、巷ではユックリズムとかいう掛け声が拡がっているらしいが、実に何を今更で、こんなのはガンバリズムの裏表であって、こうした風潮に行ったり来たりしている人たちは結局、何ひとつ反省という事を知らないのだ。こうした風潮とは別に、僕たちは今、性急（せっかち）である。ただし、性急であるという事は、時間的余裕がないという事では必ずしもない。暇、というのは、強いられた物に対して積極的か消極的かという事なのであって、つまり、ヤル気があるのかないのか、という事だ。だから、怠惰であるが性急であるという事も言えるのだし、怠惰であるからこそ性急にならざるを得ない事も往々にしてある。性急な思想、をあれだけ揶揄した啄木だって、高村光太郎に言わせればあの頃のあの人は〈何かオッチョコチョイ〉なんであって、今、僕が愛着を持てる人は、シラケたり悟ったりしている人ではなく、何かしらオッチョコチョイである。

　ディープ・パープルは殆ど滝を落下する水飛沫のように、さわやかに性急である。イアン・ギランの声やブラックモアの響は、ペーパーナイフのようにみずみずしくて、こういう音に愛撫されると、狂言自殺でもしたくなる。この叫びは殆んど人間に向かって発せられていなくて、むしろ人間すらもひとつの風景として超えてしまう虚空に投げつけられた叫びだ。だから、ちっともドスが利いていなくてそれが実にしっくりくる。人間の叫びは、動物の雄叫びと違って、何ら誇示でも恫喝でもない、もっと無機的な、観念の結晶体であるはずだ。チャイルドインタイム。美しい憎しみだ。やさしい苦しみだ。恐らくギランでさえ、自分の叫びの意味を理解してはいないだろう、この石英のような叫びにこそ、やがて腐っていくであろう果実の最後の充実がある。まるで、看護婦さんが白いガーゼを裂いているように、美しい充実だ。これで良いのだ。これから実業家になろうと金貸しになろうと、一生のうちでたった一言でも全存在を叫べる瞬間があれば、どのように腐り果てようとも意味があったのだ。腐って発酵してまで、人を酔わせようなどと考えない事だ。腐ったらちゃんと腐って、この都市の大地の肥やしになれば良いのだ。

だけどギラン。僕たちは、ここからなんだ。叫びが波紋のように拡がり、そして、もとの水面に回復してしまってからが、本当の出発なのだ。水面には、お前の投げた石っころはもうないし、おまえの叫びの痕跡である波紋もない。まるで何もなかったかのような顔をしている。おまえは、やさしいが、本当のやさしさとは、ただ単純に自分を傷つける事じゃあないのだ。大体、やさしさを誤解して定着させたのは、国立や高円寺や京都をフラフラしてる連中、つまり、かつて新宿に流れついて新宿から流れていった奴らだ。奴らのやさしさは、所詮、自閉症のエゴイズムと怠惰を自己肯定しただけのだらしねえ弱さでしかない。かつて、懸命にやさしさを自らに抑制してきた者が、ふっ、と〈必要なんだ〉と呟いた地点とは、全く無縁なのだ。

ディープ・パープルの音は、僕の表面積を分割するような鋭いカミソリだが、今僕が欲しいのは、もっとグサリとくるアイスピックのように、したたかなやさしさなのである。

何故ロックか？　タンジェリン・ドリームを聴く事の現在的基盤

Rockin'on　１９７５年１月号

うすむらさき色の夢の中を、僕はひとりで漂っていた。病気かな、と思った。軽いふるえが全身に行き渡っていたし、僕が触れるものは、それが何であれ微熱を持っていたのだ。木々に群がる小鳥たちが大空に飛び立ったまま、森の全体に溶け入ってしまった。僕は既に、何処から来たのか、などとは思わなくなっていた。僕に負目はなかった。何故なら、僕には過去そのものがなかったからだ。色々な事やたくさんの友人を思い出したが、思い出した瞬間に、森の全体へと溶け行ってしまった。

自分が死んでいる事に気付くには、風に揺れた一枚の木の葉が、大地に至り着く時間があれば充分だった。僕は脱け殻だった。僕は、性格とか性癖とかいう臭いを持ったウェットスーツだ。死体に殺意を抱く人間はいないだろう。

★

ロックがその初発のさけびを、意識的に鈍化し、構造を次々と硬化し突き抜けてきた結果、現在において、全く単純な二つのベクトルが大地にごろっと置かれている。それは、ロックとは音と声であった、という事だ。具体的には、ＥＬ＆Ｐからタンジェリンへと進んだロックの〈音〉であり、一方はボウイからイギーに表出される〈声〉である。もちろん、両者には単純に分断しきれない相関関係がある訳だが、とりあえずシンボルとして、そういう事が言えるだろう。音はもとより〈自然〉を止揚したものであり、声とは〈人間〉を止揚したものである。ＥＬ＆Ｐは人間的自然による人間の否定であり、タンジェリンは人間的自然による、人間と自然の全否定・全肯定である。ボウイとかレイクの、いわゆる人間としての声が、そうした人間としての声を否定するエマーソンの強靭な音に対して、何とも危ういのは、音があくまで水平的に作用するのに対し、声というものが必ず垂直に作用するからであった。いうならば、それは、人類が自然なる大地に対して、二本足ですっくと立ち上った時よりの、意識というものの、苛酷な宿命でもあった。

★

タンジェリンも〈エレクトリック・メディテーション〉から〈アテム〉の一部分までは、まだ、声で何か意見なり、訴えなりを語ろうとしている。つまり作為や甘えがある。そしてその部分だけが、奏者のイライラの反映のように濁っている。しかし、今のタンジェリンは、脱け殻のように肉声の感触がない。やはり彼らも彼らの中で何かを殺害したのだ。そしてそれは今、単にエドガー・フローゼの個人史においてそうなのだ、という事ではない。僕も、そして多分、タンジェリンをまっとうな意味で聴く事の出来るあなたも、そうだという事。タンジェリンを聴くという事は、単に誰かれの個人的体験ではなく、今は完全に、僕達の普遍的事実への共合に他ならない。

★

現実的に、にっちもさっちもいかなくてどうしようかと悩んでいる人はタンジェリンを聴く事が出来ない。親をうらんだり、先公を憎んだり、友をうたぐったりしている人はタンジェリンを聴く事が出来ない。ミュージシャンにあこがれを持っている人、あるいは音楽を聴く事によって、いくらかでも現実の自分が救われたいと思っている人はタンジェリンを聴く事が出来ない。不眠症の人はタンジェリンを聴く事が出来ない。

人間関係的なヒズミや暗礁を大事に持っている人、そういう事の〈私〉というカラクリを、徹底的に突き放して考えた事のない人にはタンジェリンの音を聴く事が出来ない。タンジェリンを聴くという事は、それはそっくりそのまま僕達の内面と直面するという事だから、自分の中に濁りやシミを持っている人は、とてもじゃないが、何十分間の空白には耐えられないだろう。そうした人は早めにクリーニングに出した方が良い。

誰もがタンジェリンを聴く事が出来る、今、この場で。

★

枯れ果てた古木の醜い表皮をバリバリはがしていくと、中には激しく緑色をした生命が息づいていた。しなやかな生命への欲望。ロックは決して僕達の意志や感情の代弁者ではなかった。少なくとも僕達が追い続けたロックの意味は、僕達が追い続けてきたあのしなやかな欲望を、ロックもまた追い続けていたという事なのだ。たった今、生れてきた赤ん坊も、あとわずかで死ぬであろう老人も、そして僕達も、みんな同じ位置にたたずんでいるのだ。先行者が先行しているものは、ただ、その視線だけに過ぎない。情況とはそうやって僕達に一様に迫ってくるのだ。

★

ロックは残酷だ。ロックが残酷なのはロックが過去を持たないという事だ。あの日のビートルズもあの日のグランドファンクも、そして、えい、言ってしまえ、ジャニスもボウイも、〝今〟はロックではないのだ。ロックを聴くという体験は、このように完璧に今の自分とは無縁なものとして、ロックのスターを、対象を、殺害してしまう事なのだろう。そして今、僕達には未来というものがない。明日のスターというものがない。ボウイが一切のあこがれを殺してしまった。

★

僕達はどうやら一斉に迷い子になり、この、うすむらさき色のもやの中に放たれた小鳥なのかも知れない。今はまだタンジェリンが森の全体をおおってくれているし、スパークスのせせらぎも響いてくるし、R・フリップの頼もしい意志も伝わってくる。だけど、もうすぐ、それらも完璧になくなるだろう。沈黙が喜びの感情を覚え、死が長い眠りから目覚めるだろう。そして、そして初めて僕達が狩りに行く時間だ。

1975ブリティッシュ・ロックへの批判的ふりかえり

Rockin'on　1975年6月号

聴こえてくる音はどれも砂粒化してきた。クラウス・シュルツは既に一粒の砂であり、タンジェリン・ドリームも既に一粒の砂の内部での時間である。レコードを聴く時は大体がヘッドホーンになってしまった。安いセットの、それでも、ボリューム8ぐらいで聴いていられるようになった。それで聴くロバート・ワイアットの〈ロック・ボトム〉は、すごくかぼそく弱々しく、今にも絶え入りそうで、握りしめられた掌からこぼれ落ちてきた砂のように孤独だ。

夜のひろがりを視線の道筋どおりに追っていくと夜はどんどんせばまってくる。夜はせまい。夜のその表面に、風も通り過ぎる事の出来ない一点がある。夜は砂粒だ。

ホークウインドは夜を街角の〈広場〉と誤解したのだし、ルー・リードは夜を古ぼけた〈椅子〉あるいは傷んだ〈ベッド〉と思い込んだのである。彼らの思い込みもまた彼らが、時代の一番の深みを生きたがゆえの痛みであり、そういう意味では大いなる正解であるはずだ。そして、そのような立体空間としての夜を強烈に二次元的世界としての平べったい〈面〉へと引きずり込んだのがロバート・フリップである。彼にとって夜とは本の中味ではなく表紙である。中味は白紙。そこには、やがて語られるであろう私達の言葉が書き込まれる。そのための理由によってのみ今は空白である。認識の処女性。ここからしか始まらない。

そして彼ら。否定の面積から否定の結束点へ。つまり夜の鍵穴。鍵は私たち。闇の中では全てが無関係でありながら全てがつながりあえる。孤島の砂浜のように、孤立しながら密集できる。海に見棄てられた砂浜たち。存在の処女性。ここから始めるしかない。

〈人間というのは、ここまで孤独なのか〉ブラック・ダンスを聴いた友人の感想。

いつか打ち寄せて来た荒々しい波の死骸が私達の

大地。ピンク・フロイドとタンジェリンとは異郷というものに対する発想が根本的に違う。ピンクにとって異郷とは〈私〉が行かなければならないところ、たどり着くべき場所の事であるから、彼らはそれを指で差し示すしかなく、イメージであり観念として具体的に音でなぞり、表現していくしかないものであった。ピンク・フロイドの道は永遠に道でしかなく、彼らはいわば昼と夜とにはさまれた夕暮れ時の迷い児である。それに対してタンジェリンにとって異郷とは、私達の本来的な在り方そのものであるから、その音は音楽表現であるよりは、もっと私達の内部に秘められた本質的な違和を誘発する契機のようなものである。だから、彼ら自身が言っているように、そこには個々の人間の才能、表現力とか創造力といった、経験主義的な操作は極めて希薄だ。彼らは意図的な作曲というものをしないし、スタジオの中で意識コントロールするなどという幼稚でたわいのない操作もしない。音と言葉との方法的徹底化の結果として、とりあえずほとんどベスト、究極に近い状態じゃないだろうか。そして音は、ツァイト（時）でありアテム（息）でありアクア（水）といった具合に、極度に結晶化された砂粒である。そして今、最新作ルビコンというタイトルに彼らがどういう思いを込めたのか正確には分らないが、やはり何かひとつの静かで力強い覚悟が込められている事だけは確かだ。言葉の歴史とはつまり人間社会の歴史である。人間そのものの歴史は、それより遥かに広く深い。タンジェリンは今、闇をつくっているのだ。全く新しい言葉を、人間をつくり出すための暗い母胎にいるのだ。都市の原始密林の夜。

久しぶりに〈アトム・ハート・マザー〉を引っ張り出してきたが、聴くつもりはなかった。それは当然なのであって、昔つけていた日記をあらためて読む気にならないように、ユージンの叫びは、初めて聴いた時に私が殺したのだ。それはそれで良いのだし、山崎さんが書いてるように、レコードというものは、音を〈保存〉するためにあるのではなくて音を〈拡大〉するためにあるのだ。あれは無線アンプみたいなもので、今この闇の中で、世界中一斉に同じ音を出す、という必然性のためにのみあるのだ。

異郷への旅というものはなく異郷に住まう事が旅である。ホークウインドやピンク・フロイドがドラッグと共に果たした役割、私達はそれらのリズムという歩幅に合わせて、一つの世界が全く多様な在り方をして成り立っている知覚の世界へ突き進んだ。しかし、誤解してはならないのは、ドンファンが言ってるように、煙が問題なのではなく煙が見せてくれた世界が問題なのだ。LSD体験を体験として個人的に語る事などに何の意味もない。あらゆる種類のドラッグがあり、それと同じようにあらゆる種類の生き方がある。私達に〝既に見てしまったもの〟があるとするならば、最早、どのようなドラッグも必要ないし、生き方、人生論、処世術も必要がない。ドラッグを必要としなくなったタンジェリンの音だけを、今の、この隙間の中では必要としている。しかし、それすら必要がないと言ってのけられるのではないだろうか。


既に15冊のROが明らかにしたように、ロックとは音楽ではない。……と書いていたら北海道の高尾敏子さん達もそう書いてきた。ロックとはミュージシャンが作った一枚のレコードではなく、むしろミュージシャンが一枚のレコードを作らねばならなかった、のっぴきならない〈原因〉の方である。言うまでもないが、私達がロックと呼称してきたものは、あの、闇の総体である。だから私達とミュージシャンとをつないでいたものはスターという商品性ではなくて、この、闇である。メディアとしての闇。

ロックは音でしかない、という発想は間違いだ。それはイエスやピンク・フロイドと同じで、ロックの音を突きつめて行けば、いつか音を超えられる、という幻想の産出した失望感である。そうじゃない。今は、ロックは音ですらない、という思い込みから始めるべきなのだ。エドガー・フローゼは言っている。私達の音楽は私達の演奏が終った後で、君達が始めるものなのだ、と。だから、決して、安らぎを得るための胎内回帰ではないのだ。むしろ逆。

イエスは、竹場元彦が言うようにクリスタルであって砂粒ではない。イエスはむしろグラニュー糖だ。つまり結晶化ではなく合理化である。彼らの音は近代市民社会の生活を突きつめたものであるにしても突き抜けるものではない。その二つの力は全く別の才能を必要とするものなのだ。イエスは否定抜きの肯定、あるいは否定の対極にある肯定だから金持ちのお嬢さまお坊っちゃまがお喜びになる。否定するものの方がまだ山ほど多い。

この原稿はむなしい。ふりかえる事はむなしい。通り抜けてきた事への批判が何故むなしいかというと、私たちにとって経験というものが内部では何ひとつ実体として残らず、常に空洞化していくものであるからだ。そして幸か不幸かロックはその事に対して正直すぎた。ロックの経験が、現実的には何の役にも立たないのは、ロックが空白を埋めるものではなくて、むしろ拡大するものであったからだ。もうなんにも覚えていない。思い出す気にもならない。現在の私達が不完全な状態であり続ける限り、どんな経験も未来的にはみんな同じだ。〈俺はロックンロールで生きるんよ〉と言ってる人には、スタミナドリンクを飲ましておけば良い。ロックの経験を積み重ねていく事は出来ない。空白を積み重ねる事は出来ない。私達は更に無力にふがいなくなるばかりだ。ふっ。

人類が、闇の中で最初に発見した自然つまり神は、火であり、あるいは青空であったのだろうか。そして見たものを、見たとおりに理解しなかったが故の人類史の誤解を何とかするためには、もう一度、完璧な闇が、私達の母胎が必要なのかも知れない。闇が、全く新しい国境を作るだろう。闇はとどまらない。闇は蠢いている。現在進行形の闇。

〈闇というのはね、そこに何かがあるとかないとかいう事ではなくて、そこに何があっても良い、という状態なんだ〉友人で現在はダンボール屋の関幸三。

闇の中には何があっても許される。脱ぎっぱなしのズボンが脱いだままの形で無造作に置かれていても、あるいは切断された四肢が転がっていてもいい。イエスの許容力は闇ではなく青空だから、関の言うような凄みと迫力のある許容力がない。青空が肯定しえないものがたったひとつある、それが闇だ。しかし闇は青空をも呑み込んでしまう。そしてフェードラは青空を呑み込んでしまった銀色の闇。全てがある。音の内部にではなく、私達の内部にこそ全てがある。全てがある、全てが許されている。全てが。

第9章

ロックからのテイクオフ

音楽としてのロックから、生活の中のロックへと拡大すべきだと思った。ロッキング・オンの仲間がひとりずつ、別々の方向に歩き出す。

メディアとしてのロッキング・オン

以下の原稿は、1975年に、子ども調査研究所が発行していた「ヤング&子ども通信 61号」という機関誌に書いたものである。橘川、25歳である。子ども調査研究所は、僕の「メディアの故郷」であり、多くのことを学ばせてもらった。30数年前の原稿だが、今、同じテーマで書いても同じようなことを書くのではないか。問題は何ひとつ解決してなくて、僕も、何ひとつ進歩していないということか。「僕は敗北したのではなく、圧倒されたのだ」という感覚は今でも内側に残っている。

標題＝こみゅにけーしょん　1
掲載媒体＝ヤング&子ども通信　61号
発行会社＝子ども調査研究所
発行日＝1975／5／1

1．言葉のない世界

現代は言葉が溢れすぎている、と通説ではなっているが、それは多分、誤解なのです。溢れているのは、情報であり、あるいは情報機能としての言葉ばかりであって、今はむしろ私たちが求めている本来的な意味での言葉は、ひとりひとりの人間の中で孤立しているのではないだろうか。街は騒がしいどころか、圧倒的に荒涼としている。私達の闇を切り裂くナイフの如き言葉や、この闇をやさしく抱きしめてくれる、みずみずしい言葉にめぐり合えることは本当にまれだ。何かが欠如しているのだ。都市生活というおよそ巨大な修飾語のために、何か決定的な〈言葉〉がインペイされてしまっているのだ。

なぜ、情報ばかりが溢れかえっていて、言葉がないのか、と言うと、それは、何よりもメディアがないからです。現在、言われているところのメディア、例えば新聞、放送、雑誌、その他モロモロのイベント、それらのものは、最大にして単純なポイントを認識していないがゆえに最初からメディアとして失格である。問題は〈メディアの主体は何か〉という事です。メディアの主体は決してテレビ局でも雑誌社でもないし、また情報そのものでもない。メディアの主役は私達がそれぞれに自らの内部に孕んだコミュニケーション衝動である。あなたに言いたい、あなたと寝たい、あなたを殺したい、あなたに会いたい、あなたに……。そういう、まさに個的な衝動が最初にあって、それで次に、それらの衝動を通底させるべくして、機能としてのメディアが存在する。

現代のいわゆるメディアと呼ばれているものの最大の誤解は、まず機能としてのメディアがあり、それを主体として、逆に中身である情報を生産し、また散らしていく、という本末転倒の公害を生み出したことにあります。それゆえに編集部が中央集権的に読者を管理し操作していく事しか出来ないのである。

メディアの本質とは、だから、具体的な結果にあるのではない。私とあなたを結ぶものは、決して具体的な何かを通しての当為としての関係ではないはずです。〈あなたが誰であれ、どこで何をしている人であれ、あなたの痛みは、今、私のものと同質だ〉とデビッド・ボウイは言ってます。私達が、今、全く同質な、氷河の如き闇に閉ざされたマンモスであると自覚した瞬間から、既にコミュニケーションの成立要素は全部そろっている訳です。あとは機能としてのメディアがあれば良いのだ。だから、メディアとは、映画を観ている時だけ、本を読んでいる時だけ、つながり合えるようなものではなくて、メディアとは、真のメディアとは、私達の生活意識そのもの、私達の存在の在り方そのものでなくてはならないのである。

メディアが、具体的なものの、結果として在るもの、作品であったからこそ、今までの秀れてメディアの可能性を内包した衝動は、即そのまま芸術という形で固定化され、個人主義的人格の内側に密封されてしまった。そして密封し損ねて、死んだり、おかしくなったりしてしまった。いわゆる芸術家が苦しむのは、いや苦しみを表出するのは、それによって飯を食うからであって、実際は、私達の誰もが、同質の苦しみを持っている訳である。問題なのは、その事のために、私は死にたくないという事なのです。

2．大学は出たけれど

学校教育という単純なトンネルを下から押し上げられて、たどりついた大学を横から押し出されると、そこは国境だらけの、社会生活だった。3年ほど経ちました。友人達は何をしているのか、と、見れば、運送屋のアンチャンであり、映画館の切符モギリであり、女子高のパン売りであり、ダンボール屋の専務であり、銀行員であり、土方であり、僕はまあ写植屋であり、他には、院生であり、ヒモであり、飲屋のマスターであり、不明であり、出版屋であり、チベットの日本語教員であり、ブティック経営者であり、DJであり、主婦であり、ストリッパーであり、まだ学生であったり、要するにみんなバラバラなのです。みんなそれぞれの場でがんばっているのだろうなあ。みんなみんな僕の大好きな人ばっかりだったけど、最近は、たまに会っても、なぜかお酒を飲むか麻雀する位しか、時間を埋める事が出来ない。意識のボルテージが下がっているというより、やはり、みんながみんな、ひどく孤立しすぎているのだろう。ここのところで、この孤立感を自分自身で納得してしまうかどうかが、これからの決定的な選択判断となりそうだ。つまり、そんな淋しいだの一人ぼっちじゃ嫌だ、なんていう甘ったれたガキ根性は、きれいさっぱり捨てて、力強く一人の大人として成長するか（＝クラシック的）、あるいは、所詮、人間なんて一人ぼっちなのさ、と居直りつつしょぼくれて生きるか（＝演歌的）、人間って生きてるだけで淋しいのね、と感心するか（＝フォーク的）、さもなくば、ロックのように、諦め悪くいつまでも子どもの位置に座り込んでワメくか。ジャズはよく知らないが、日本のジャズファンっていうのは、クラシックと演歌の中間折衷型。まあ、こんな図式はどうでも良い。

学校をおん出てから、雑誌を出すために写植をやる事になり、見習いとして、ある小さな写植屋に入った。全部で4人の小さな会社で、僕と同時に同じ年の男がやはりその会社に入って来た。

写植というのは、集中しっ放しなので、実に神経を使う仕事で（この文章をタイプしている、タイプ・オペさん、ごくろうさんです）僕は朝9時30分から夜5時30分まで、定時労働をびっしりやると、もうクタクタで、家へ帰るとパタン、という生活が何日も続いた。しかしその会社の社長とか古顔は、毎日、残業、残業で、11時12時になるのはザラであった。同時に入った男も、やはり毎日キツいらしくて、5時頃になるとグッタリしていて、お互い〈写植って疲れるなぁ。残業なんか無理だよなあ〉とグチったりしながら帰ったりした。

ところが1ヶ月位して、その男が、突然こう言ったのである。

〈実はな、俺、毎朝牛乳配達してんだよ。4時半から8時までな。だから残業できないんだよ。社長には言うなよ。なんか残業しないで悪いみたいだからな。東京は何でも高いからな。メシ食うのも大変だ〉

僕は知らない場所に、突然取り残されたような、何が何だか分らない気分になって、何も言う事が出来なかった。僕は、それまで、自分という人間がマイナーだと思った事は一回もなかったけれど、その時だけは、ひどく寂しい気持に襲われた。握りこぶしからも砂がもれて行く感触にも似ていたし、古壁がパラパラ崩れていく感覚にも似ていた。そして、それは、ある種の、敗北感のようなものだった。

僕はかつて一所懸命に単純労働をやりとげる人たちに対して、倫理的な羨望と恐怖を抱いていた。それは、僕を育てた父や母に対する、願望と反発と畏怖と不信と信用と、まことに複雑な想いがまざった態度だった。それは、未だに完全にふっきれている訳ではないが、今は、むしろ希薄になりつつある。そして、全く別の意志が僕の内部にはあるのだ。おそらくそれは、僕が25になり、あと10年しないうちには、僕が既に子ども達の親となっているだろう事を確実に予感し始めたからだろうか。僕は負けたのではない。圧倒されたのだ。何を言えば良いのか、よく分らなくなってきたが、子どもが子どもの生きたいように生きる事で、決してマイナーである自覚を持たずにすむような社会が必要なのだと思うのです。ロックは依然としてこう言ってます。

世の中きびしい、と大人はいう
だけど、きびしくしちまったのは
大人の方じゃないか
あんた方はきびしい方が好きなんだよ
変だよ　あんた方は
——スパークス／訳・岩谷宏

3．宣伝します

この際ですので、宣伝をしますが、私達は72年夏より「ロッキング・オン」という雑誌を隔月ではありますが、定期的に発行しています。ロックの主役はロック・ミュージシャンやレコードではなく、無名・無数のロックファンであるという認識を基本として、できるだけ投稿という型で原稿を掲載しています。雑誌がいわゆる商品としてしか流通しない事に対して、私達は必要以上に過大な否定も肯定もしていないつもりです。つまり、価値と屈辱感をごちゃごちゃにしない、という事です。現在は、東販・日販を通して全国販売をしていますが、スタッフが食えるという状態までには辿りついておりません。スタッフは創刊時とほとんど変わらなくて、４人。簡単に紹介しますと、

渋谷陽一　編集長。23歳。明学大３年。ＮＨＫ若いこだま土曜日ＤＪ。他にも執筆活動などで、ロッキング・オンの営業費をかせいでいる。

岩谷宏　33歳。サラリーマン。訳書に、『ビートルズ詩集』があります。現在、私達の単行本一作目として『ロック訳詩集』を４月末刊行の予定。

松村雄策　23歳。ウエイター。元ボーカリスト。

大体以上の3人と私が写植を打って、大類信というプロのデザイナーが、やはりロハでレイアウトしてくれています。

読者は圧倒的に中学生・高校生が多く、もともとロックがマイナーな存在だということで（それは予想以上に凄いものだ）、学校内でロックを聴いているのは私一人、とか、ひろみやヒデキやカーペンターズに囲まれて、小さくなってロックを聴いている人が、ものすごく多かった。そしてまた、親からの圧力も強くて、母親にレコード割られたとか、ロッキング・オンにする電話も手紙も、親の目を隠れての人が多いのでした。

ロックについては、詳しくは、雑誌の方を見ていただきたいと思いますが、ロックの歴史を誰よりも忠実に知覚しているのが、中・高校生だと思います。ロックがメディアたり得るのは、ロックが決して、表現芸術として自分の内側で完結していなくて（勿論、ニセモノ・ロックも多いけど）、必ず、具体的な私達に向かって、あるいはこの闇の中を突き進んでいる私達と同じ方向へ、音を、言葉を、たたきつけているからです。そして、もっと正確に言えば、ロックがメディアではなく、ロックの背後にある闇がメディアであるならば、私達もまた、私達の闇を語る事によって初めて、本来のメディアが成立するのではないだろうか。ロックとは、インサイド・ルッキング・アウトであって、インサイドとはG・レイクが言ってるようにアウトサイドの結晶化であり、〈世界の私という展開〉である。

4．おわりに

どうでも良い事をムキになって書いたような、何となく変な気分でこの原稿は終わりです。子ども調査研究所には昔ゴロゴロさせてもらって、迷惑ばかりかけたのでした。やさしい人ばっかりです。がんばらなくていい人ばかりが、がんばっている今日ですが、もっと、やさしい人ががんばらなくてはどうにもなりません。アキラメずにがんばりましょう。以上とりいそぎ失礼しました。

（きつかわ・ゆきお＝写植業、東京都中野区在住）

CM　ロッキング・オン　隔月25日発売　定価２８０円（〒70円）
編集室　東京都中野区東中野1の55の５　土田ビル５０１号たちばな写植内

1975年、25歳——転機

僕は19歳から25歳までは、自らの内部の欠落感を確かめ、ある時はその欠落した穴を無理に広げたり、塩を塗ったりするようなこともあった。欠落を確かめることでしか、自分の存在意義が感じられなかったからだ。しかし、25歳の時に、大いなる転機を迎えた。それまでの方法を「文学的方法」として一区切りをつけたのだ。ここから先は「宗教的方法」と名付けた。別に何かの信仰に帰依したのではなく、文学的方法が否定の方法だとしたら、宗教的方法は肯定の方法である。僕は肯定するようになった。それは、何よりも「読者」(メディアの向こう側にいる人)という存在を肯定する態度であった。

1975年という時代は、新しい時代のはじまりであった。70年代前半は、60年代のアナーキーで爆発的な熱気が終わった時代ではあったが、まだまだ人々の意識は、60年代的熱狂が色濃く残っていた。1975年を境に、60年代的意識は完全に消えて、新しい未知の時代がはじまった。

僕は、70年代前半のロックを、60年代的なものを確かめながら、その次が見つからない焦燥の中で聞いていた。しかし、いつまでも熱狂と内省化だけではいけないとも思った。僕がロッキング・オンの中で最初にはじめたのが「ROの会」である。これは、「ロッキング・オンのライターと読者」という関係を「ロッキング・オンを読んでいる読者同士の関係」に変えようと思ってはじめたものだ。メディアはスターではなく、人と人をつなげる「きっかけ」にしか過ぎないと思った。僕はロッキング・オンの読者をネットワーク化しようと思った。ロッキング・オンという雑誌のタレントライターが読者とコミュニケーションするだけではなく、ロッキング・オンを発見し愛読してくれている人同士が仲良くなった方が、どれだけ社会を活性化出来るか分からないと思った。読者に呼びかけて「ROの会」を作った。これは、会の事務局は何一つ企画を提示することがないという、究極の放置プレー組織である。ひたすら登録された会員の名前と住所をロッキング・オンに掲載するだけの作業をした。あとは会員相互がやりたいことを勝手にやればよい、という発想だった。会員の数は1000人を超えた。中学生からサラリーマン、主婦まで多様な読者たちだ。渋谷は「また、橘川が訳の分からないことをはじめた」と思っていただろう。

僕の音楽志向は、ジャニス・ジョプリンやジミ・ヘンドリックス、グランド・ファンク・レイルロード（GFR）などのハードロックから、デビッド・ボウイやロキシー・ミュージックなどのグラムロックや、キング・クリムゾン、EL&Pなどのブリティッシュロックを経て、タンジェリン・ドリームやクラウス・シュルツなどのドイツロックに移っていった。そして、イギリスでセックス・ピストルズが登場し、パンク・ムーブメントが始まる。普通の流れであるなら、僕もパンクに走るのだが、そうはならなかった。パンクというものが最初は何だか分からなかったのだが、やがて「これは、音楽ビジネスとしてのロック」に対するアンチの動きだと思った。あるいは「中心志向、上昇志向に対する、地域密着型の、目の前のファンに対してエネルギーをぶつけるもの」として認識した。かつてのロックスターを見るようにして、ジョニー・ロットンを見てはいけないのだ、と思った。多くの音楽ファンにとって、技術志向のそれまでの音楽シーンの中で、パンクのストレートな訴えは衝撃的だったのだろうが、僕にとっては、それは、音楽の内部の出来事ではなくて、これまでのロックというフレームを超えようとするものとしての衝撃であった。

ロックとは、アプリオリに与えられた日常に対しての脱出行動である。お仕着せの

「良い子」から抜け出すために、悪い子ぶったり、社会的に認められた普通の就職からドロップアウトする。そのことによって、自らの内部に芽生えた欠落感を「見ないふりして生きる」ことを拒否することが出来た。しかし、そうしたロックもやがて体制化する。当たり前の文化として社会に認知される。でも、本当のロックとは、そうした体制化の流れに対しても、そこから更にはみ出していくことではないのか、と思った。ロックは音楽からはみ出すべきだ、と思った。音楽という狭い業界だけで解決出来ることは何もない。豆腐屋は豆腐を作ることでロックが出来るはずだし、教師は授業をすることでロックが出来るはずだ。むしろ生活全体でそうした新しいロック・ミュージシャンが生まれる社会でなければ、僕たちの欠落感は永遠に解消しないと思った。70年代の後半から、僕は、ロッキング・オンに音楽のことはほとんど書いていない。

「小売店のおはなし　ものを売るという事」Rockin'on NO.24　１９７６年10月１日発行号
「都市はロック　風景の問題」Rockin'on NO.26　１９７７年2月1日発行号
「人間を考えるシリーズ・未来からの洪水」Rockin'on NO.31　１９７７年11月１日発行号

「今をダメにする百人の構図・尊敬する人される人」Rockin'on NO.35　１９７８年3月1日発行
「メディアに関する事・笑いに関する事」Rockin'on NO.45　１９７９年1月1日発行号
「メディアの死滅について」Rockin'on NO.50　１９７９年6月1日発行号
「出会い喫茶」Rockin'on NO.52　１９７９年8月1日発行号
「参加型食堂」Rockin'on NO.57　１９８０年1月1日発行号
「1984年のための企画書・家庭屋」Rockin'on NO.59　１９８０年3月1日発行号
「アンアン考」Rockin'on NO.62　１９８０年6月1日発行号
「東急ハンズ」Rockin'on NO.74　１９８１年5月1日発行号

当時のタイトルを少し並べてみた。現実をわしづかみにし、未来をストレートに凝視《みつ》めることがロックの本質だと思っていた。今のロッキング・オンなら完全に浮いてしまうと思うが、当時は、それでも、僕のやろうとしていることを理解してくれた読者がいた。ロッキング・オンは、音楽としてのロックを超えるべきだ、と思っていたが、順調に音楽業界の中で勢力を伸ばしつつあった渋谷には、自らの方向性への疑いは微塵もなかった。

その頃、僕は、写植屋の仕事として「宝島」のタイトル回りの写植を時々頼まれていたので、宝島の大西祥一と付き合いがあった。丁度、「別冊宝島」がスタートした頃だったので、「仕事カタログ」という企画を提案した。寿司屋の板前とか、消防士とか、普通の仕事をしている人にインタビューする企画だ。最初は、宝島の本誌で連載になり、99人のインタビューをまとめて1978年に『別冊宝島11　みんなのライフ&ワークカタログ』として出版になった。その後スタッズ・ターケルの「Working!」（邦題『仕事!』晶文社、品切）のような本がたくさん出たが、当時はそういう本はなかった。大西が、もっと出したい企画はないかと言うので、「ロックを抜いたロッキング・オンを作りたい」と言って「全面投稿雑誌ポンプ」の企画を出して、採用された。

1975年に、僕は世田谷区・駒沢に分譲住宅を買った。東中野のマンションで写植屋をやりつつ、小林裕子と落合のアパートで生活していたので、二つの家賃分を支払えば購入出来ると、その分譲住宅のチラシを印刷していた親父が紹介してくれた。駒沢公園にほぼ隣接していて、環境は素晴らしいものだった。まだ地下鉄が開通していなくて、チラシには「渋谷からバス25分」と書かれていた。大型の写植機を、和室の押入れを改造して押し込み、暗室を増設した。結婚して、子どもも生まれる。ロッキング・オンは、まだ自立出来ていなかったので、世田谷の住宅地が3年間ほど、「ロッキング・オン編集部」になる。

「ポンプ」の創刊のため、僕は現代新社（宝島を発行していたJICC出版局の子会社で、現在の洋泉社）に入社し、飯田橋に出来た編集部に出勤することになる。この頃、僕は、「ロッキング・オン」のスタッフであり、たちばな写植の経営者であり、「ポンプ」のサラリーマンになり、三つの役割を同時にこなすことになったのである。

駒沢のロッキング・オン事務所兼橘川自宅

「ポンプ」創刊

「ポンプ」は、テキスト、写真、イラストのすべてが投稿だけで成立している雑誌だった。当時、萩原朔美が作った「ビックリハウス」（パルコ出版）という雑誌があって、投稿頁がウリだったが、編集部の取材原稿や有名人への依頼原稿の中の一コーナーとして投稿頁があり、お題を出して文章の芸を競うというようなものだったと思う。「ポンプ」は全くの投稿雑誌である。生活者の「実感」と「体験」をベースにして、クォリティよりリアリティを重視した雑誌である。今では、インターネットがあるが、当時は「投稿頁」というのは本誌のおまけであり、読者のお便りコーナーであった。ひどい雑誌になると、読者欄は編集者が勝手に書いていた。僕は、パンクムーブメントのように、一人ひとりが日常の中で言いたいことを表現する参加型メディアを目指した。「参加型メディア」は今では「CG

「ポンプ」創刊0号

M（Consumer Generated Media）」と呼ばれ、一般的になったが、「参加型メディア」という言葉を使ったのは僕がはじめてだと思う。当時、言葉もなかったし、そういうコンセプトでメディアに向かっていた人は、他に知らない。

1978年に「ポンプ」を創刊すると、これまであまり付き合いのなかった大手、中小の出版業界関係者との交流が始まりだす。投稿だけで成立している「ポンプ」を見ると、何人かの旧来型の編集者が「こういう雑誌の企画、僕も持ってたんですよ」と言ってきた。だいたい、何か新しいことをやると、こういう人が出てくるものだ。では、全面投稿雑誌の企画を多くの人が考えていて、なぜ出来なかったかというと、簡単な話で、「全面投稿雑誌は創刊号がない」のです。「ビックリハウス」も最初は普通の雑誌で、少しずつ投稿が集まってきて投稿頁が拡大したのだと思う。僕が、なぜ全面投稿誌を創刊出来たかというと、それは、僕がロッキング・オンの編集部で生活していたからだ。ロッキング・オンの編集部には、毎日のように、新しい読者からバックナンバーの注文が舞い込んだ。それを袋に入れて、宛名書きをして配送するのは僕の役割であった。ある程度たまると、母親に自動車を出してもらい、郵便局に運んだ。その袋の中に、「僕は、ポンプという雑誌をやりたいんだ、みんなの声が必要なんだ」というメッセージを同封していった。「ROの会」のメンバーにも案内を送り、創刊前の一年間で、300人の協力者が集まった。僕は、この時に「ネットワーク」という概念を体感した。その人達が、まだ創刊もしていない「ポンプ」のために、投稿してくれた。そして、実際に書店に並ぶ時には、一通も投稿が来なくても、3号分は出せるだけの投稿が集まっていた。

「ポンプ」には、毎月、2000通ぐらいの投稿が集まってきた。僕は、毎日毎日、投稿の原稿や手紙を読んで、整理する仕事をしていた。まだメールはもちろん、パソコンやワープロもない時代である。1978年から3年間、僕は編集長を務めた。

岡崎京子や、読者のこと

2015年3月4日に、NHKの「おはよう日本」で、岡崎京子のことがとりあげられた。世田谷文学館で行われている「岡崎京子展」の話題を追いかけたニュースだ。僕のところにも取材に来た。文学館のスタッフの方も、表紙に、岡崎京子の写真が写っているポンプを探しにおいでになった。

ロッキング・オンは、ロックの本当の主役はスターではなくファンの方にある、という立場で当初、投稿雑誌の形態をとった。僕は楽器は弾けないが、言葉でロック・ミュージシャンがやろうとしたことをやるんだ、という意気込みがあった。

すごいファン、変なファン、むかつくファン、怪しいファンなど、多数のファンが編集部に寄ってくれたり、手紙をくれたりした。取次を通して全国書店で市販をしたのが創刊から1年目。それから、6年間ぐらいは、僕の部屋がロッキング・オンの編集室だった。編集長は渋谷だが、編集室長は僕。いろんな読者と交流した。また僕のところに遊びに来ていた読者同士の交流も始まった。

今は「オルタナ」という雑誌をやっている森摂《せつ》が、「オルタナ」創刊前に僕のところに相談に来て、「僕はROの会の2ケタ番号です」と言っていた。いろんな人が、その後、あちこちで生き延びているだろう。

岡崎京子は、そういうROの読者のグループの中にいたのが、最初の記憶である。中学生か高校生だったと思う。前述のように、ROの会に集まった人たちを中心として、僕は「全面投稿雑誌・ポンプ」を企画したが、「ポンプ」が創刊されると、京子から、イラストの投稿が来るようになった。一枚ずつ投稿してくるのではなくて、束になったイラストが封筒で送られてくる。高校の授業中に描いたのだろう、落書きのような、用紙も大きさもバラバラなイラストだ。最初は、エンピツで下書きしたものをペンでなぞったようなものもあったと思うが、だんだん、そういうこともなくなり、一気に描いたような絵になった。その絵は、今、いろんな本になっている作品と変わらない。技術ではなく、自分の気持ちや意志を、そのまま紙にぶつけたような、あふれかえるエネルギーがある。そして、ひと目見て、すぐに京子の絵だと分かる個性がある。

日本中からさまざまな人がイラストを投稿してきた。今でもイラストレーターとして活躍している人も少なくない。岡崎京子、岡林みかん、石井裕子などの女の子たちの投稿が人気になり、男では、神戸Ｕ一の絵が個性的で注目された。

京子は大量に投稿してきたが、掲載されるのは1点か2点だった。これはテキストでもそうだけど、才能があるからといって特別に扱うことをしないというのが、「ポンプ」の姿勢だった。でも、読者の方で京子のイラストのファンが増えて、岡崎京子ファンクラブが出来たりした。会長は、中村道明だった。岡崎京子は、神戸U一のファンクラブを作り会長になったりした。その後、プロになって活躍している、岡林みかんも、小塚類子も、初期の頃からのイラスト投稿者である。

中村道明は、千葉の高校生でロッキング・オンの読者だった。当時、インターネットもYouTubeもなく、好きなアーティストの日本未発売のアルバムは、新宿レコードとか輸入盤を扱うレコード屋で一枚一枚探しながら購入しなければならなかった。道明がはじめた、レコード交換の会は、それぞれが購入した輸入盤を相互に交換する会だった。京子はその会にも参加した。

鈴木琢という子がいて、190センチぐらいの長身で、目立つ男だった。「ポンプ」の読者の集まりがあったり、読者がみんなで「ポンプ」の編集部に遊びにきたりすることも多く、京子と琢は自宅が近かったので、よく一緒に帰っていって仲良しだった。琢は、慶応大学に入学するのだが、ロックの音楽活動を開始し、町田町蔵と出会い、バンドを組む。「INU」の解散後のバンドだ。

琢は、慶応を卒業してからマッキャンエリクソンに入り、広告マンとして活躍する。その後、ビーコンに移って、目黒のオフィスにいた頃は、よく会議室を使わせてもらったりした。その後、ミシュランに入り執行役員となり、グルメガイドのミシュランの日本版発行の推進者になった。

琢と京子はずっと友人で、それぞれが結婚した時に、結婚式では、それぞれ友人代表でスピーチしたりした。今でも、琢は定期的に京子のご家族が経営している理髪店で散髪をして、京子をはげましている。僕も、琢に呼ばれて何度か、訪問させていただいた。

あと、これも偶然の出会いなのだけれど、久米繊維工業の久米信行という僕の盟友がいるのだが、彼の慶応大学時代の友人が鈴木琢だった。ふたりとも、ギラギラしたロック少年で、友達は少なかったと言っていた。

時代

時代の中から出てきた者だけが仲間である。同時代の仲間とは、同じ場所にいて、同じ空気を吸って、でも、それぞれが別の言葉を吐き出そうとするものだ。単なる時代の表層だけを語って時代を語ったつもりでいる人間は信用しない。それは、たかだか時代の被害者でしかない。京子のイラストは、彼女の時代に対する想いであり、彼女自身の言葉であった。それは明確に、時代の加害者たらんとする姿勢である。

いつだったか、ブルーハーツのヒロトとマーシーの事務所に行ったことがある。名刺を交換すると「あっ、きつかわさんじゃない。ポンプ、読んでました！」と言われた。デーモン小暮はテレビでポンプのことを語っていたという。早稲田の小暮くんという投稿者がいたことは覚えている。フジテレビのアナウンサーになった中井美穂は、学生の時によく遊びに来ていた。尾崎豊は青学の中等部の頃、投稿していた。同じ学校の松田勇治という男は、体育の柔道の授業で尾崎を投げ飛ばしたと言ってた。

僕は、時代を生きる人が好きなんだ。時代で有名になった人ではなく、有名になる前の可能性のかたまりだけの、無名の、普通の、時代の空気を吸い込んで、思いっきり吐き出そうとしている人が。有名になったら、あとは外側から見ているしかない。そうなんだ。やっぱり僕は、時代の可能性と出会うメディアを作り続けなければ。無名で、いつか有名になる人たちとの交流という、ぜいたくな時間を創りたい。

70年代

70年代のことを本気で思い出すと、なぜか荒ぶる。60年代のことを思ってもそういうことはない。「若い子たちが90年代を再評価しているが何故か」という質問をNHKの人から言われた。その90年代カルチャーのシンボリックな存在として岡崎京子がいる、ということのようだ。90年代の岡崎京子のことは僕はあまり分からない。70年代の後期の、可能性だけの時代の京子のことだけを思い出す。

文化というのは、社会の高揚期にではなく衰退期に生まれるという説がある。この説はもう20年以上前に、社会学者の古田隆彦の事務所でおしゃべりしていたときに聞いた。江戸文化が生まれたのは、成長を謳歌した元禄時代ではなく、飢饉に苦しんだ享保の時代である。古田隆彦は、人口減少期は、産業イノベーションのチャンスだとも言っている。

体験的に考えてみても、60年代の高度成長期よりも、70年代のいわゆる「しらけの時代」の方が大事な時代に思える。成長する時代においては、人は、みんなと同じことをすれば充実出来たので、みんな同じことをする。社会の力が減退する時代の中では、全体にあわせる方法が効果的ではなく、人は、ひとりひとりの個人になっていかざるを得ない。文化とは、そうした個人が全体性や普遍性を追求する行為なのだと思う。80年代は「第二の60年代」であり、90年代は「第二の70年代」である。岡崎京子は、70年代に自我を鍛え、80年代にバブルを謳歌し、90年代にバブル時代の破綻を表現として追求したのだろう。

代々木公園

「ポンプ」の編集部には、読者がよく遊びに来ていた。僕は、毎日、全国から送られてくる投稿原稿やイラスト、写真などを朝から晩まで読み続け、ジャンルを分けたり、採用を決めたりする。これは複数の人間がやるとばらけるので、編集長がやった。創刊から3年間は、僕が編集長をやった。

それで、投稿の中から、候補作を、A3のコピー用紙に一本ずつコピーして、ホッチキスでとめたものを用意した。それを、遊びにきた読者に読んでもらい、勝手な感想や落書きを空いているスペースに書き込んでもらう。リアル・レスポンスである。そのコメントを、あとでまとめて、本文の投稿の後ろに「バックグランドボイス（BGV）」として掲載したことがある。初期の頃はいろんな実験を繰り返していたのだ。

まだネットもパソコンもない時代である。例えば、「いまここ」という企画では、雑誌の誌面に「8月1日22時00分」という案内を出す。その日時に、思ったこと、見えているものを全国一斉に投稿して来い、という編集部からの依頼だ。そうすると全国から、郵便で投稿が来る。僕も一人の投稿者として投稿した。

こういう動きに積極的に参加してくれる読者たちのグループが自然発生的に各地に出来た。名古屋とか、京都とか、横浜とか、活発なグループも出来た。京子も、そういうグループの中にいた。

ある時、代々木公園でフリーマーケットをやるというので、みんなで、不要品を販売したりしたのだが、京子は、変なことをやっていた。「スカ人形」というもので、京子に10円渡すと、3分間スカダンスをするというもの。スカというのは、ジャマイカで生まれたレゲエの流れで生まれたダンスミュージックだ。

時代の中で生まれ、時代を体現し、自分なりの表現を求めていた。そういう日々の中でも、大量のイラスト投稿は減らなかった。彼女は、本当に、絵を描くことが好きな女の子だったのだ。

パンクな読者たち

「タコ」などアバンギャルドなメディア活動で有名な山崎春美が、僕のnoteのサポートでフォローしてくれた。春美は、70年代ロッキング・オンの読者で、岩谷宏の熱心な読者だった。岩谷宏がやっていた私塾みたいなものにも行っていたと思う。

春美は90年あたりからメディアの世界から全く消えてしまい、「クスリをやりすぎて死んだらしい」という噂が流れてきて、そうなのかと思っていたが、ある日、突然、僕の事務所に現れた。うちの近くに金を貸してる奴がいて、取り立てにきたとか言っていた。なんで来たのかというと、「橘川さんに謝りたくて来た」と言う。なんのことか分からなかったが、そういえば、80年代に、春美が宝島の原稿か何かで渋谷陽一と論争になり、バカヤロ合戦になっていたことがある。僕は、両方のことを知っていたから、春美に会って、「いつまでやっても仕方ないので、オレが間に入るから、仲直りしろ」と仲裁に入ったことがあった。春美は了承して、日程を調整したのだけれど、そのまま春美と連絡が取れなくなった。そのことを詫びたいと言ってきたのだ。詫びるもなにも、そんなこと、すっかり忘れてたよ。

春美は、その頃、松岡正剛の工作舎にも出入りして、香山リカの名付け親になったりしている。当時の工作舎に出入りしていた若い連中は、微妙に、ロッキング・オンの読者とも重なっている子が見受けられた。みんな10代後半か20代前半だっただろう。

春美と同じ世代に、石田義則がいる。ＥＣＤという名でヒップホップのミュージシャンになった。石田は、佐々木という男とよく一緒に現れた。豊多摩高校の高校生だった。石田は、「僕の家で、はじめて、たたみいわしという食べ物を食べた」とツイートしていたことがあった。いろんな読者が、僕の家にも遊びに来ていた。

当時は知らないが、しばき隊の野間易通も、「ポンプ」を全号読んでいたとツイートしていた。なんだかみんな、70年代後半のパンクがルーツになっていて、それは、岡崎京子のパンクな表現と通底している感じがする。

今では多くのＮＰＯが世の中にあふれているが、１９９０年代の初期にＮＰＯの動きの中心的活動家であった仙台のカタツムリ社の故・加藤哲夫も、「ポンプ」の熱心な投稿者だった。その頃は、宝石販売のサラリーマンだったが、政治的な投稿が多かった。加藤がカタツムリ社を起こし、エコロジービジネス研究会を作った時は僕もメンバーになった。１９９０年に、加藤が仙台で「スピリットオブプレイス」という画期的な国際会議を開催した時にも、スピーカーとして参加した。３・11の少し前に、仙台で彼と会ったが、３・11の後に病死された。

「ポンプ」を辞めた後、いろいろな仕事で、僕のところに取材に来るフリーライターと対応したが、そういう仕事をしている人の「ポンプ読んでました」「ポンプに投稿載りました」率の高さには驚かされる。70年代後半の中で、何か表現したいという意欲を内在させた者は、その後も、さまざまなシーンで「投稿」を続けたのだろう。

パソコン通信からニフティ、2ちゃんねると続く、サイバー・パンクの世界でも、「元ポンプ読者」という人に数多く会った。

同時代を生きる

僕は、岡崎京子が普通の学生だった時代のことしかよく知らない。僕は、「これから有名になる無名の人」が好きなのだ。やがて有名になる能力も魅力もある人と、無名のうちならタメで付き合うことが出来る。それはとても贅沢なことだ。有名な人と付き合うと、それは、どこか社会的な利害関係の付き合いになり、冷え冷えとしてしまう。だから、今も、無名の才能のある人と出会うための仕掛けだけを作っているのだ。

あれはもう20年くらい前だろうか。京子がすっかり時代の寵児となり、会うこともなかった頃だ。竹熊健太郎と渋谷のランブルという喫茶店でおしゃべりしていた。何かのマンガ賞の授賞式に竹熊が行ったら、京子がいたので声をかけて「今度、橘川さんに会いますよ」と言ったところ、京子は「私は、橘川さんには足を向けて寝れない女です。だけど、私は毎日、橘川さんに足を向けて寝ている女です」とか言ったという。いいねえ、こういう岡崎京子が僕は大好きである。

不幸な事故は、京子が一番大事にしていた「絵を描く喜び」を奪ってしまった。ネットの検索で僕のことを知った何人かの熱心な読者からメールが来たので、鈴木琢と相談して、そのメールをまとめて、コピー製本して、病床の京子に届けたこともあった。

京子は、素晴らしい家族に囲まれて、元気に生きている。以前に訪問した時、テレビでボクシングの試合を観ていた。ワイルド。足の指が動いたので、「動く」と言うと、一生懸命、足の指を動かして、僕に挨拶しているような感じだった。『ヘルタースケルター』の試写会も、京子と一緒に行くことが出来た。

生命はたくさんの素晴らしいものを与えてくれるが、時には、大切なものを奪い去ることもある。でも生命がある限り、僕らは、一緒にこの時代を生きていくことが出来る。僕らは、岡崎京子といつまでも、同時代を生きるのだ。

「ぴあ」の話

ロッキング・オンの創刊と同じ頃、東京で「ぴあ」という情報雑誌が創刊された。1972年創刊だから、まるで同じだ。「ぴあ」は、中央大学の映画青年であった矢内廣が、TBSのバイトをしていた時に、仲間たちと一緒に映画情報誌を作ろうということになってできたものだ。僕が毎日新聞社でバイトしていたのと、何かシンクロする。当時の映画情報というのは、新聞の3行広告の頁に、求人や人探しと同じようなスタイルで掲載されているだけだった。映画好きの学生たちは、もっと充実した情報をまとめて欲しいと願っていた。

同じ時期に創刊したけれど、当時は交流はまったくなかった。矢内とは、80年代になって、出会うことになる。最初に会ったのは、筑波で開催された「国際価値会議」という国際会議のメディアのワークショップに、僕と矢内が呼ばれたのが最初だったと思う。そこで気が合い、何度か「ぴあ」を訪問したりした。

70年代後半に、講談社の内田勝が新しい雑誌を出すというので、内田の親友である子ども調査研究所の高山所長の紹介で会った。内田勝は、60年代後半に少年マガジンの編集長として、マンガ黄金時代の基盤を作り、少年マガジンを１００万部のメディアにした人として、出版業界では有名な人だった。70年代の雑誌編集者の世界では「講談社の内田勝、平凡出版（マガジンハウス）の木滑良介」が2大巨星であった。

内田勝は、新雑誌開発室長として、新しい若者向け雑誌の企画を検討していた。渋谷陽一も呼ばれたので、ロック雑誌も彼のイメージに入っていたのかも知れない。創刊したのは「ホットドッグ・プレス」（ＨＤＰ）である。よく、ＨＤＰは、「ポパイ」のパクリだと言われたが、内田勝は、「ポパイ」を一切読まなかった。デザイナーたちは「ポパイ」を研究したと思うが、中身は違っていた。ＨＤＰの創刊の時、講談社は大キャンペーンをはったが、出版流通の業界新聞である「文化通信」の特別号で、内田勝と僕との対談記事が一面に掲載された。銀座の三笠會館の個室で対談が行われ、コンセプトを聞かせてもらった。

内田勝は、人類の進化を語り、これからの若者たちの生態は「昆虫化する」という理論を語った。情報があふれてくると、逆に防衛的に表皮を固くして、小さな自分に閉じこもる。それは、やがて「おたく」「ニート」という流れになる若者論の予言だったのかも知れない。当初の「ホットドック・プレス」は「スポーツ、ショッピング、セックス」の3Sと、もうひとつ隠れコンセプトがあった。それは「徴兵制」であった。ときどき、HDPで徴兵制の特集をやると、不思議な部数の伸び方をした。それは決して「ポパイ」では出来なかった特集だろう。

話が錯綜するが、それで80年代になってから、僕はHDPの誌面で、矢内廣のインタビューを企画した。当時矢内は、あまりマスコミには出たがらない人だったが、受けてくれた。そのインタビューで、「ぴあ」の創世記から現在までの話をゆっくり聞くことが出来た。

「ぴあ」の創刊の頃、やはり僕らと同じように、都内の書店を自分たちで配本していた。お互い苦労話を語ったのだが、驚いたことがある。例えば、配本のチームを作って、小田急線チームは新宿から小田急線に乗って、下北沢とか経堂とか町田とかの書店に配本する。例えば僕らは、2人1チームで本を抱えて電車に乗る。それは「ぴあ」も同じだ。電車に乗って駅で降りる。その時に、僕らは2人でいけば、2人とも降りて、下北沢なら、しらゆり書店とか、なんとか書店とかを回って、新刊を配本し、以前の雑誌を精算・回収する。ところが「ぴあ」は、その駅周辺の配本に必要な分だけを持って一人が下車し、もうひとりは駅のホームで残部を持ちながら待機する。そして、下車した人間が戻ったら次の駅に向かい、今度は、別の人間が下車して配本をする。

どういうことか分かりますか。「ぴあ」の方式だと、僕らの方式より、電車賃が半分で済むのだ。さすがに将来、コンピュータ・チケットの世界に進むだけあって、最初からシステム思考なのであった。僕らは、何も考えず、体力だけを武器に、首都圏の本屋さんを歩き回っていた。当時、自動車免許を持っていたのは、大久保宏だけだった。

矢内とのインタビューで、80年代の初期は、コンピュータの台頭期で、「ぴあ」はまだコンピュータ化していなかった。僕は「どうしてコンピュータ化しないんだ。いち早くすべきではないか」と聞いた。そしたら、その返答も想像になかったものであった。当時、大量のアルバイトを雇って、映画やイベントの情報を手作業でやっていた。ロッキング・オンのライターをやめた竹場元彦も、「ぴあ」でバイトしていた。「それはね、読者サービスなんですよ。コンピュータ化しないで、不合理な手作業でやるのは、読者が雑誌の制作に参加出来る機会を与えたい」と。その代わり、「ぴあ」のバイトの期間は最大2年契約と決まっていた。

そういう時代感覚を持っていた「ぴあ」も休刊になった。「ぴあ」は、インターネットが登場する以前に、インターネット状況の未来を感じ取り、雑誌でインターネットの情報版を実現した。そのことによって、出版界に新しい流れを作ったが、先取りであったため、本物のインターネットの潮流が始まったら、意味を失った。70年代の多くの新しい雑誌は、そうやってインターネットの登場によって、新しさの意味を失ったのだろう。

第10章　解散

始まったものはいつか終わる。渋谷陽一が構築したロッキング・オンは永続的だが、4人で作ったロッキング・オンは、80年に入って終了する。

ホットな時代の場所

いつも時代の一番ホットな所にいようと思った。ホットな場所には、無名で若くて感度の良い人間が集まっている。そうした人間と出会うことが、人生にとって何よりも有益であると思ってきた。学生運動の周辺も、新宿ゴールデン街も、マンガの世界やロックの世界も、1970年代初期はカオスのような状況で、さまざまな人が集まり、関係が重層化し、融合や亀裂や分裂が日常的に続発していた。

1975年ぐらいから、日本社会全体が急速にシステム化され、利便性は増したが、精神的にはどんどん窮屈になった。混沌が整理され、整理されないものは地下に埋められた。社会は豊かになったが、それはその分、混沌の中から新しいものが生まれる可能性をも殺してしまったのではないか。

僕は中学生の時にビートルズに出会い、10代後半にブラインド・フェイスやジャニス・ジョプリンやグランド・ファンク・レイルロードに出会い、20代に、デビッド・ボウイに出会い、キング・クリムゾンやブライアン・フェリーに出会った。ロックとは単なるラブソングである。それは目の前の異性に語りかけ訴えるようにして、観客の心にも届く普遍的なラブソングである。だから、その愛を邪魔するようなものがあれば、徹底的に戦うという意味を含めた、ラブソングである。

僕らは社会のしがらみの中で生きているが、ロックが示してくれたのは、僕らは社会の上で生きているのと同時に、もっと大きなステージである時代の上に生きているということの確認である。ロックの大音量は、社会的な常識や規範を突破して、時代の中で愛する人たちと出会うための手段であった。

21世紀。豊かな社会の極限にある、いかんともしがたい閉塞感の中に僕らは生きている。解決策は見当たらない。もう、どこかの偉い人や天才たちが導いてくれる未来は信用がならない。もういちど、現実の混沌の中に身を置き、そこで出会えた友人と語り合いながら、進んでいくしかない。70年代初期の混沌の中から、違う道を歩いて未来に到達することを選びたいと思う。社会を、構造的なあり方からだけで変えていくのではなく、時代意識のうねりの中で考えていく必要があるのだろう。それは、単純なラブソングを思い出すことなのかも知れない。

1981年、31歳——解散

DON'T TRUST OVER THIRTYという20歳前半の意識ではじめたロッキング・オンだったが、自分自身が30歳になった。僕はある種の失望感を感じていた。それはロッキング・オンのスタッフたちにではない。僕が愛した「読者」に対してだ。僕らが雑誌をはじめた時、DON'T TRUST OVER THIRTYという意識を持っていたが、それは同時に、自分たちが30歳になったら、若い世代に同じようなことを言われ、軽蔑され、乗り越えられるんだなあ、という意識も同時に持っていた。

しかし、現実は、そうはならずに、むしろ逆で、成功しつつあるロッキング・オンのスタッフというだけで、お山の大将にされたり、無条件で尊敬されるようになってしまった。「そんな馬鹿な、こんなのロックではない」という怒りが湧いてきた。僕自身も、文学の時代を経て、宗教の時代も経て、次は政治・経済の時代だなという予感があった。それは、別に選挙に出るとか実業家になるということではなく、社会の仕組みと直接関わる方向で動くべきだと思った。20代でやってきたことを全て終了し、蔵書やレコードの山も、若い連中を集めて、みんな持っていってもらった。70年代は自分の20代だったが、それを終わらせることによってでしか進めない30代を予感した。

31歳の時に、僕はロッキング・オンの読者と絶縁するようにロッキング・オンを辞めた。「ポンプ」の編集長も辞めた。写植屋も廃業し、大型の写植機は、子どもの遊び塾「おりじ」をやっていた宮脇和にあげて、子どもたちに使ってもらうことにした。何のアテもなく、すべてを辞めてしまった。なんだか、砂漠に向かうランボーのような気がした。

僕と岩谷宏がロッキング・オンを辞めることになった時、岩谷宏と相談したことはなかった。僕は、音楽を超えた参加型社会に向かうという、漠然としたイメージだけがあって、実際は、ロッキング・オンを始めた頃に舞い戻るような、途方もない不安定だけど、心の底に確信に近いものを感じる気持ちになっていた。岩谷宏のロッキング・オンに対する絶望感は僕より強かっただろう。ある夜中、岩谷宏から電話があった。泣いていた。「僕の考えをちゃんと聞いてくれる人なんか、世界に3人しかいない」というようなことを言っていた。無数にいた岩谷宏ファンへの絶望感のような気がした。その「3人」というのが、妙にリアリティがあって、誰のことだろうと想像したりもした。

けじめ

渋谷陽一から電話があって、やけに真剣な声で会いたいと言ってきた。ロッキング・オンは、僕の家の編集部を出て、六本木に自前の事務所を構えていた。新人社員も公募して、渋谷と僕とで面接をして、増井修を採用した。部数も順調に伸びていき、もはや、学生たちが作るミニコミではなかった。渋谷は、僕の親父のような中小企業の印刷屋ではなく、大手印刷屋と取引したいと言って、親父に大手印刷屋を紹介してもらい、取引を開始していた。

「面倒くさいことになったぞ」と渋谷は言った。親父は、大手印刷会社を紹介したのだが、ある時、編集部に来た大手印刷会社の社員が、何気なく「橘川さんの分は振り込んでおきましたから」と言ったというのだ。親父は、大手印刷会社に紹介する時に、紹介料としてバックマージンをもらっていたのだ。渋谷は本気で怒っていた。親父さんに渡っていた分は、ロッキング・オンが出したのと同じことだ、と。渋谷は、大手印刷会社が、自分のところの利益を手数料として渡してました、と言ったが、認めなかった。結局、渋谷は、印刷会社を別の印刷会社に変えた。

渋谷は、ケチだという噂がある。確かにケチである。僕がいた頃は、すでにロッキング・オンに利益が出ているのに、忘年会は会費制だった。しかし、それはケチというのではないのだ。金銭に対して、極めて合理的な態度を持っている。

ある時、大学生が自分の大学祭で、渋谷に講演会をやって欲しいと依頼してきた。それで、内容を説明し、「ギャラは申し訳ないのですが、1万円なんですが」と言った。渋谷は怒った。「講演会を、ビジネスとして依頼するなら、正当なギャラを払え。そうではなくて、お金はないけど俺の話を聞きたいというのであれば、それをオレが理解すれば、タダでも行く。中途半端なことはするな」と。なんだか、かっこいいと思った。

そして、僕が辞めることになって、しばらくして、渋谷がまた会いたいと言ってきた。岩谷宏も辞めることになっていた。渋谷は驚くべきことを言ったのだ。橘川や岩谷宏は、10年間、無償でロッキング・オンに尽くしてくれたのだから、退職金を支払いたいと。

しかし、今は、そんなお金はないが、必ず、ロッキング・オンで利益をあげて支払うから、分割で頼む、というのだ。金額は500万円。凄い金額だ。僕は50万円ずつ、何度かに分けてもらった。それが渋谷という男の「けじめ」のつけ方なのだろう。岩谷宏は、拒否したようだ。これもまた岩谷宏の「けじめ」だと思う。

渋谷陽一は、70年代のロッキング・オンを完全に終わらせて、次の時代へ向かっていった。そして、インターネットの登場により音楽雑誌の前途が危ぶまれた時に、ロックフェスを成功させ、ロッキング・オンを大きな事業体に育てあげた。

21世紀

僕が渋谷と出会ってから、40数年が経つ。80年代に渋谷、岩谷、松村、橘川は別々の道を歩いてきた。渋谷は、自分のロッキング・オンを強固に確立し、イベント事業も多角化している。岩谷宏は、コンピュータの世界に進み、専門書の翻訳を数多く手がけた。コンピュータの世界に行っても、かつて、ウェストコーストの甘ちゃん音楽を否定したように、アップルのアイコン文化を否定したりして、敵対者をたくさん作っていた。現在は、滑川と同じ仕事なのだが、「TechCrunch 日本版」の翻訳を行って、アメリカの最新コンピュータ動向を伝えてくれている。普通のニュースリリースみたいなものでも、岩谷宏の文章の独特な匂いがして、なんとなく分かる。滑川も翻訳家として、日経BP社を中心にして多くのベストセラー翻訳本を出している。松村は、ミュージシャン活動、小説家の活動などを行い、ロック評論家としても活躍している。橘川は、参加型メディア一筋で、相変わらず、ロッキング・オン初期のミニコミ作りのような活動をしている。

パリに行った大類が帰ってくると、渋谷、松村、斎藤陽一らと集まることがあるが、あとは、あまり会うこともない。ロッキング・オンは4人の、別々の個性が偶然出会い、スタートした。70年代という、時代の大きな変換期の中で出会ったということが奇跡的だったのだと思う。転がる石も、やがて大海に到達する。僕らの軌跡を踏み潰して、若い個性たちによる、新しいロッキング・オンが誕生することを願っている。

あとがき

小説家にとって、処女作というのは特別なものだと思う。その時の小説家はまだ無名であり、周囲からの期待も、社会的な圧力も、また余計な自尊心もないまま、本当に自分が書きたいものだけを追求して書いた作品だからだ。文章の技術も未熟だろうし、読者との距離感も不明なままだろう。ただ、夢を見るように内的な衝動のまま現れてきた言葉やストーリーが、その人の宿命というものなのではないか。僕にとってのロッキング・オンの仲間たちとの出会いと創刊は、そのような宿命であった。人が社会に出て、最初にどういう職業を選ぶのかというのは、誰にとってもとても重要なことだと思う。

本書は、1970年の10年間に起きた、小さな雑誌の創刊物語である。現場にいた橘川の記憶を頼りに書いたものである。記憶というのは、自分に都合よく書き換えられることがあるので、すべてが事実であるとは言わない。事実の誤りもあるだろうし、それぞれの思いが別のところにあったということもあるだろう。しかし、少なくとも、僕自身にとっての真実ではある。

60歳をとうに越えて、みんなクソジジイになったが、未熟な時代に、彼らと一緒に生きることが出来たのは、幸福であった。デビッド・ボウイは、69歳の生涯を終えて「★」を残して地球から消えていった。「私の死を嘆き悲しむのではなく、私の音楽を共有してくれた素晴らしい時間を思い出してくれ」と、言ったのだろう。ボウイが「あと5年しかない」という、切羽詰まった叫びをあげた、あの5年間を、僕らは生きた。その時のロックファンは、みんな、自分にとっての「★」は何なのかと思っているだろう。僕も、そのことをいつも意識して、次の時代シーンを生きることにする。ゼロからスタートすることは、なんと清々しく、エネルギーのわいてくることだろう。

本文中の写真提供は、70年代のロッキング・オンを一緒に作ったカメラマンの斎藤陽一さんです。

登場した皆さんには、あらためて友情に感謝して、今後ともお付き合いをよろしく。

橘川幸夫

ROCKIN' ON
ROCKIN' ON
ROCK MAGAZINE BY ROCK FAN
Rockin'on
ロックファンによるロック専門誌
ROCKIN' ON
rock magazin by rock fan
4
Rockin' on bi-monthly

rockin'
special feature:
AEROSMITH
ROCKIN
ON
ロッキングオン
★ROCK MAGAZINE
BY ROCK FAN
クファンによるロック専門誌
ROCKIN' ON
73.6
ロックファンによるロック専門誌
ROCKIN' ON
ビートルズを葬り去るために

橘川幸夫（きつかわ・ゆきお）
kit@demeken.co.jp　metakit

1950年2月4日、東京生まれ。'72年、渋谷陽一らと音楽投稿雑誌「ロッキング・オン」創刊。'78年、全面投稿雑誌「ポンプ」を創刊。その後、さまざまなメディアを開発する。'83年、定性調査を定量的に処理する「気分調査法」を開発。商品開発、市場調査などのマーケティング調査活動を行う。80年代後半より草の根BBS「CB-NET」を主催、ニフティの「FMEDIA」のシスオペを勤める。'96年、株式会社デジタルメディア研究所を創業。インターネット・メディア開発、企業コンサルテーションなどを行う。アーツカレッジ・ヨコハマ（旧神奈川情報文化専門学校）のマルチメディア科を立ち上げプロデュースを行い専任講師。武蔵野美術大学非常勤講師、日本デザイン専門学校講師などを経験。現在、多摩大学経営情報学部客員教授。キーマン・ネットワーク「コンセプト・バンク」を運営。

著作

『企画書』（'81/宝島社）、『メディアが何をしたか？』（'84/ロッキング・オン社）、『なぞのヘソ島』（'88/アリス館）、『一応族の反乱』（'90/日本経済新聞社）、『生意気の構造』（'94/日本経済新聞社）、『シフトマーケティング』（'95/ビジネス社）、『21世紀企画書』（'00/晶文社）、『インターネットは儲からない！』（'01/日経BP社）、『暇つぶしの時代』（'03/平凡社）、『やきそばパンの逆襲』（'04/河出書房新社）、『風のアジテーション』（'04/角川書店）、『自分探偵社』（'04/オンブック）、『ドラマで泣いて、人生充実するのか、おまえ。』（'08/バジリコ）、『希望の仕事術』（'10/バジリコ）、『森を見る力』（'14/晶文社）ほか共著、編著多数

▼有料サイト「橘川幸夫のコミュニティマガジン」運営中。
https://note.mu/metakit/m/m36e9f0d75349

ロッキング・オンの時代《じだい》

2016年11月25日　初版
2017年 4月30日　2刷

著　者　橘川幸夫

発行者　株式会社晶文社
東京都千代田区神田神保町1-11 〒101-0051

電　話　03-3518-4940（代表）・4942（編集）

URL　http://www.shobunsha.co.jp

印刷・製本　中央精版印刷株式会社

ISBN978-4-7949-6940-8 Printed in Japan